翻訳する女たち

中村妙子・深町眞理子・小尾芙佐・松岡享子

大橋由香子 著

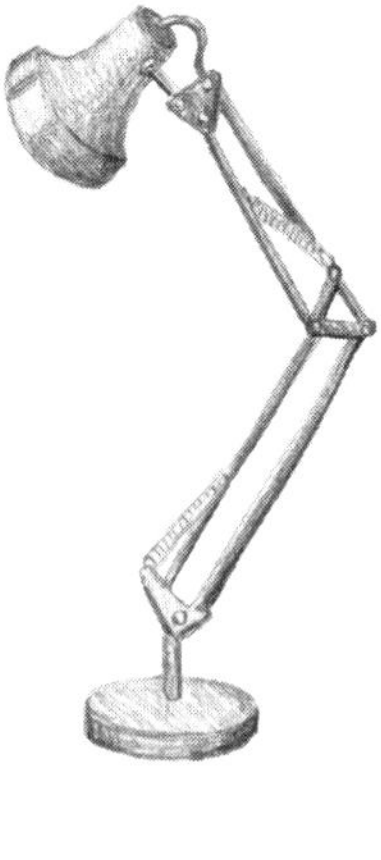

etc.books

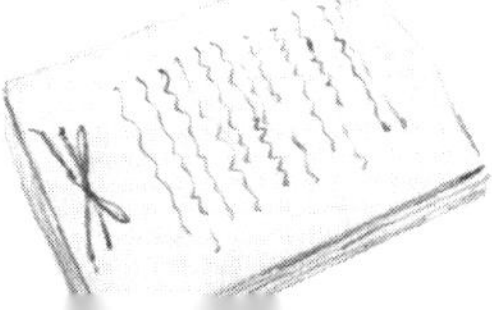

第二部　ひるがえりひるがえす女たち

はじめに　翻訳する女性が珍しかった時代

外国語を自分の国の言葉にする翻訳という営み。この世界でも、男性がほとんどという時代があった。

そんなに昔のことではない。

江戸時代の『解体新書』をはじめ、日本でも、さまざまな分野の書物が翻訳されてきた。特に1868年以降、「明治」政府が欧米文明を取り入れ近代化を進めるようになると、多くの海外作品が日本語に翻訳され、雑誌や単行本として刊行される。翻訳をするのは、ほとんどが男性、女性は例外的な存在だった。

なぜ女性の翻訳者が少なかったのか。女性にはその能力がなかったから？　ではない。大きな理由は、外国語を習得するチャンスが少なかったから。そもそも高等教育を受けられる人間が圧倒的に少数だった。その少数派の中でも、女性の割合は、男性と比べてさらに稀《まれ》だという時代が続いた。その格差は150年以上が経過した現在もなくなったわけではない。今でも都市部以外で4年制大学への進学率は女子のほうが低い傾向が残っている。

女子にも教育を、と創設された女子大学では、学ぶことを許された女子学生がいたが、それでも現在の国立大学（帝国大学）に女性はほとんど入学できなかった（Vol．1の中村妙子さんが悔しい思いをしている）。

『青鞜』を創刊した平塚らいてう――経済的に豊かで進歩的な家庭に生まれた――ですら、大学進学を父親に反対され、母親がとりなしてやっと進学できた。それでも、裁縫や料理はよいが、英語や漢学の講義を取ることは父親に禁じられたという。

そして、日本において翻訳をしてきたのは、小説家（作家）や大学教員（教授）などであり、そうした職業につけるのは男性が多く、女性は少ないということになる。

21世紀の4半世紀を迎えつつある現在も、大学教員は男性比率が高い（非常勤講師は女性が多い）。むしろ小説のほうが、「明治」のころから女性も力を発揮しているかもしれないが、「女流作家」と特別視されるように珍しい存在であり続けた。

こうして、翻訳者は男性というのが、普通の風景だった。

1945年の敗戦を機に、大日本帝国憲法と旧民法下の、女性のほぼ無権利状態に変化が訪れた。女性も選挙権を獲得し、制度化されていた不平等が変わり、「女に教育は必要ない」という考え方も流行遅れになっていった。

1960年代には、女性の大学生が増えることを憂う「女子大生亡国論」も出現したが、閉ざされていた門をこじ開けた女たちの勢いは止まらない。

出版翻訳の世界では、かつては、大学教員が翻訳「も」する、あるいは業績をあげるために、まずは翻訳書を出すという傾向があった。*

だが、専攻している分野に造詣が深い研究者であれば、良い翻訳ができるとは限らない。また、外国語に堪能であることと、日本語への翻訳能力が高いことは必ずしも一致しない。哲学書などにおいては、原文を読める読者を想定したかのような、難解な日本語訳も散見された。

ミステリ、ロマンスなどエンタテインメント小説も含め、翻訳出版の点数が増えるにつれて、大学教員ではなく、専業翻訳者の数が増えていく。このことも、女性翻訳者の増加と関係しているかもしれない。

個人的な師弟関係の中でなされていた翻訳者の育成が、翻訳学校というオープンな形になったことも影響を与えた。ツテやコネがなくても、授業料を払ってスクールに入ることで、翻訳技術だけではなく出版社の編集者につながるルートができたことは、性別を問わず多くの人のチャンスとなった。

その前提として、外国語を学ぶ女性が増えたことの意味は大きい。いつの間にか、翻訳といえば女性というイメージが広まった。テレビドラマで、たまに翻訳家が登場すると、それは女性であることが多い。

また、女性翻訳家の層が厚くなったことには、「翻訳の仕事＝在宅でできる」ことも関係して

＊翻訳に誤訳はつきものだが、あまりに問題が多すぎる翻訳書を批判的に取り上げた連載「欠陥翻訳時評」を雑誌「翻訳の世界」で長年続けてきた別宮《べつく》貞徳氏も、研究者の業績づくりとして翻訳書が安易に刊行される弊害を指摘していた。

いる。毎日出勤しなければいけない仕事に比べれば、翻訳は子育てや介護との両立がしやすいのは事実だ。

……と書いてすぐに、「在宅は楽」ではない、と補足しなければいけない。子どもが病気になり保育園や幼稚園に行けない、しかし締め切り間近というとき、どうやって乗り切ったか。昼も夜もパジャマのままパソコンに向かっていた（あるいは同じ服のまま寝起きしていた）という綱渡りエピソードを、多くの子もち翻訳者から聞いた。

もちろん、子どもやケアする家族がいるいないにかかわらず、締め切り地獄は、どの翻訳者も経験している。

性別を問わず、翻訳はそのくらい追い詰められる厳しい仕事であり、一方で通勤ラッシュにあわず家にいても可能だという、メリットとデメリットを有している。2020年新型コロナウィルス感染拡大によってリモートワークが普及する以前の「在宅勤務」には、コロナ後の今とはまったく違う意味合いがある。

第一部は、1920、30年代に生まれ、出版翻訳を専業とする現役活躍中の4人へのインタビューをまとめたものである。光文社古典新訳文庫サイトで「〝不実な美女〟*たち――女性翻訳家の人生をたずねて」と題して連載した際には、こう記した。

〈幼少期や少女時代に第2次世界戦争を体験し、翻訳者も編集者も男性が圧倒的だった時代に出版界に飛び込み、半世紀以上も翻訳をしてきた女性たちがいる。暮らしぶりも社会背景も出版事情も大きく変化したなかで、どのような人生を送ってきたのだろうか。かつては〝不実な美女〟と翻訳の比喩に使われたが、自ら翻訳に向き合ってきた彼女たちの軌跡をお届けする。〉

翻訳への愛情とともに、仕事に向き合う姿勢に、尊敬と共感の念を抱きながらの取材となった。

一冊にまとめるにあたっては、ウェブ掲載時の内容に適宜、加筆や修正をおこなった。Vol.2は、深町眞理子さんのご希望により、ウェブ掲載時より詳しい、ひとり語りの形式に変更した。Vol.3の小尾芙佐さんも、インターネット上では掲載しなかったエピソードを、書籍でならと書き加えてくれた。なお、本書の編集作業のあいだに、悲しく残念なことに、2022年に松岡享子さんが、そして今年には中村妙子さんが逝去された。もっと早く本の形にして、お二人にお届けし、御礼とともにお話をしたかったと、自分の怠惰を悔いるばかりである。ご冥福を心からお祈りいたします（お二人のインタビュー内容は、ご生存時のままにしていることをおことわりしておきます）。

＊〝不実な美女〟とは、17世紀フランスで「美しいが原文に忠実ではない」とペロー・ダブランクールの翻訳を批判したメナージュの言葉（私がトゥールでふかく愛した女を思い出させる。美しいが不実な女だった）、あるいはルネサンス・イタリアの格言（翻訳は女に似ている。忠実なときは糠味噌《ぬかみそ》くさく、美しいときには不実である）だとも言われ、原文と訳文の距離をめぐる翻訳論争において長く使われてきた。詳しくは、辻由美『翻訳史のプロムナード』（みすず書房、1993）、中村保男『翻訳の技術』（中公新書、1973）参照。

それにしても、イタリアの格言を、いかにも日本的な「糠味噌」と訳すということも、翻訳をめぐる議論のテーマになるところ。本書の中にも類似のことが登場する。

第二部はもっとお話を伺いたいと思いながら、果たせないうちに亡くなられた翻訳者――加地永都子さん、寺崎あきこさん、大島かおりさんを中心に、個人的な思い出とともに綴った書き下しである。

インターネットやパソコンがない時代、原稿を手書きしていたことは、今では信じられない／想像できないことになりつつあるし、すでに出版界の歴史の一コマになったとも言える。それでも、翻訳をめぐる苦しみと喜びは（あるいは、仕事をして生活していくことの困難と手応えは）、どの時代にも共通しているのではないだろうか。

先輩たちの歩んだ道を、一緒にたどっていただければ幸いである。

第一部

不実な美女たち——女性翻訳家の軌跡

Vol.1

中村妙子

「クリスティー、ナルニア国、ピルチャー
子どもはさまざま、本もいろいろな種類があったほうがいい」

中村妙子（なかむら・たえこ）
1923年2月21日東京生まれ。恵泉女学園卒業後、1940年津田英学塾入学（1943年に津田塾専門学校と改称）。1942年秋、繰り上げ卒業となる。50年東京大学西洋史学科に入学し卒業。訳書に、メリー・メープス・ドッジ『銀のスケート』、ヨハンナ・スピーリ『マクサの子供たち』、アガサ・クリスティー『火曜クラブ　ミス・マープルと13の事件』『春にして君を離れ』、ロザムンド・ピルチャー『双子座の星のもとに』、フランシス・バーネット『白い人びと』、フランシス・チャーチ『サンタクロースっているんでしょうか？』、ノエル・ストレトフィールド『ふたりのエアリエル』、マリオン・クローフォード『王女物語』ほか多数。著書『アガサ・クリスティーの真実』『鏡の中のクリスティー』『この道は　恵泉と河井先生』など。2024年6月26日逝去。

住まいは牧師館、小学1年生で自分で本を選び買った

私が最初に中村妙子さんにインタビューしたのは「翻訳の世界」という月刊雑誌にいた1997年のこと。お茶の水女子大学の近く、高台のマンションを訪れると、おいしい紅茶とブルーベリーパイで迎えてくださった。そのときは、ロザムンド・ピルチャーやアリータ・リチャードソンの翻訳を中心にお聞きした。

その後、妙子さんは、姉・兄とともに、父・佐波亘《さばわたる》、母・(植村)澄江のことを回想した『三本の苗木　キリスト者の家に生まれて』(みすず書房)を刊行。そこには、どのような環境で成長していったのか、翻訳を仕事にするまでの過程が綴られていた。

さらに詳しいお話を聞くために、2013年と14年、転居先の神奈川県の油壺《あぶらつぼ》にお伺いした。

妙子さんが幼少期を過ごされたのは、東京の大森と蒲田だ。時代はまったく違うが、私自身もその土地で育ったので、池上本門寺のお会式《えしき》、大森めぐみ教会、山王や馬込の作家たちの家並み、今では消えてしまった「新井宿《あらいじゅく》」「鬼足袋通《おにたびどお》り」など会話に出てくる地名も懐かしい。

妙子さんも眺めた敗戦後の焼け野原の風景を、私の両親も見ていたらしい。妙子さんのお父さんの大森教会のすぐ近くにあった助産院に、私もお世話になった。そんなわけで、インタビューは、中村(当時は佐波)妙子さんの生まれ故郷・大森の話から始まる。

昭和初期の妙子さん（左）ときょうだい写真。（『三本の苗木』佐波正一、佐波薫、中村妙子著、みすず書房、2001）

父が牧師をしていた大森教会の裏に牧師館がありましてね、そこに住んでいました。大森駅の東口、入新井《いりあらい》第一小学校の近くです。小さいときから翻訳ものの本がまわりにたくさんあったんですね。私は、『桃太郎』などの日本の絵ばなしより、『ピーター・パン』の絵本が好きでした。最初は母に読んでもらっていましたが、そのうち、自然にお話を覚えちゃいましたね。母が忙しくてあまり読んでもらえないから、自分で読んでみようと思ったんでしょうか、いつのまにか、字を覚えていました。

小学1年生になると、ひとりで本屋さんに行き、自分で本を選んでいた。

五十銭のギザ玉を握って喜び勇んで走って行き、さんざん迷ったすえに『魔法のばら』という一冊を買った。『むせぶようなマンドリンのル、ル、ルという音』というくだりを覚えている。／その後、やはり五十銭の『ピーター・パン』を手に入れた。この本で記憶にとどまっているのは〝ならない、ならない、ならないお国〟というピーターの国の奇妙な名称。ネヴァーネヴァーランドの訳語だったのだと後に知った。（『三本の苗木』）

その後も妙子さんは、何冊かの『ピーター・パン』に触れるなかで、「翻訳って、いろいろなんだなあ」と思う。絵本にはなかった説明やエピソードが載っている本があり、どこを省略しているかもさまざま。翻訳には抄訳という形があることを理解するようになった。『千夜一夜物語』

を読んで、子ども向けの『アラビアンナイト』とはまったく異なることに気づく。

近所に住んでいる人、両親と交流していた知識人や文人の存在も、妙子さんに影響をあたえた。

翻訳家の村岡花子さんが当時、大森に住んでいらして、父の牧する教会に出席しておられました。私の母よりちょっとお若くて、よく本をくださいました。マーク・トウェインの『王子と乞食』は布ばりの装丁で、小学生にはちょっと難しい言い回しがありましたが、面白くて夢中で読みました。戦後、父の教会は日本基督教団を離脱したので、村岡さんは大森めぐみ教会に転会されました。それ以前、父は小さなタブレット版の「福音新報」を出していて、そこにときどき村岡さんが原稿をお寄せになっていました。村岡さんという方が身近におられたことで、私も翻訳という仕事に関心を持つようになったんでしょうね。母親の知人に、歌人でアイルランド文学の翻訳をなさっていた松村みね子（本名・片山廣子）さんもおられて、松村さんの訳書も父母に贈られていました。

ほかにも翻訳をする人が近所に住んでいた。牧師館に住む前、大森駅前通りから10分ほどの貸家に住んでいたころ、私道ぞいの1軒おいたお隣は、『星の王子さま』の訳者・内藤濯《あろう》さんの住居だった。

妙子さんの姉・薫さんは、近所に山川菊栄*が住んでいたことを覚えている。

わが家から少し離れたところに、婦人解放運動の急先鋒であられた山川菊栄さんが住んでいらした。母は親しくしていて、お訪ねするときは必ず私を連れて行った。一人息子の振作さんと同じ年ごろだったため、母たちが話しているあいだ、二人で縁側に張り板を立てかけて滑り台がわりにして遊んだりした。ときには菊栄さんの姉上にあたられる森田（旧姓）松栄さんもきておられて話に加わられ、母も楽しそうだった。

三人の話がはずんでいたのは、ともに女子英学塾の同窓であったからと後年、知った。

（『三本の苗木』）

やがて妙子さんは、わが家の書棚に、総ルビの「世界大衆文学全集」（改造社）を発見し、抄訳の『椿姫』『カルメン』『クオ・ヴァディス』などを読むようになる。

本は大好きだったが、学校はあまり好きではなかった。6人生まれた子どものうち、3人を幼いうちに病気で亡くした母親は、妙子さんが「学校に行きたくない」と言えば休ませてくれた。ほんの少し後ろめたさを感じながらも、のどに湿布をして、1週間くらいは学校に行かずに本を読んでいた。

小学校4年生のときに、蒲田に引っ越しました。家は、京浜国道に出る手前の京浜急行の踏切の蒲田八幡神社のそばで、産婦人科医院や小規模の郵便局、桶屋さん、三角堂という薬屋兼写真館が近くにありましたね。大森の入新井第一尋常小学校から転校した蒲田尋常高等小学校は、川のそばで、大雨が降ると川の水があふれて休みになりました。山王や馬込文士村がある大森と違って、蒲田は庶民的というか、雰囲気がまったく違うのを感じましたね。学校の友だちから聞いた言い回しを口にして、両親からたしなめられることもありました。

当時、松竹の撮影所が蒲田にあり、すでに子役として活躍していた高峰秀子が同じ小学校の一学年下にいた。妙子さんは、学芸会で主役をつとめた高峰秀子の姿を覚えている。

また、同級生の作間すみ子さんのお姉さんの夫君が宇野利泰氏で、田園調布にあるお宅に遊びに行き、ヴァン・ダインやコナン・ドイルの翻訳書を借りたりした。

小学校を卒業すると、世田谷の経堂《きょうどう》にある恵泉女学園に入学しました。品川で乗り換えて、渋谷で乗り換えて、もう一度、下北沢で小田急に乗り換えて、駅からも15分以上歩きますから、1時間半くらいかかりましたね。姉は自由学園、兄は武蔵高校と、三人とも遠くの学校に通っていましたが、私は身体が弱かったので、1年生のときは大久保にあった叔母・植村環の家から通いました。

＊山川菊栄は、女性解放関係のたくさんの著作のほか、エドワアド・カアペンター『恋愛論』（1921）、ニコライ・レーニン『労農革命の建設的方面』（1921、山川均と共訳）、アウグスト・ベーベル『婦人論』（1923）、コロンタイ夫人『婦人と家族制度』（1927）、レーニン『背教者カウツキー』（1929）などの翻訳もしている。

恵泉女学園は1929（昭和4）年に新宿区神楽坂で開校し、翌年暮れには小田急線の経堂に移転。妙子さんが入学したのは1935（昭和10）年で創立7年目だった。創設者の河井道先生は、キリスト教に基づいた教育のなかに、「国際」「園芸」というユニークな科目をつくった。学校行事を生徒が計画・実行したり、全校縦割りの掃除当番を決めたりする信和会の活動が活発だった。

恵泉にいた女学校の5年間は、英語の授業が他校より多かったように思います。日系2世や外国人の先生が、英会話やディクテーションを担当してくださいました。1年生のときから会話の授業があって、アメリカでお育ちになり、英語のほうが日本語より達者な河合ハナ先生が、みんなに英語の名前をつけてくださいました。友だちはヘレンとかビアトリスとか、キャロルなんていう、小説によく出てくるような名前なのに、私の名は「スウ」。村岡花子さん訳のエレナ・ポーター『姉は闘ふ』（教文館）という本のヒロインがスウ姉さんという名で、私自身はこの名前が嫌いじゃなかったのですが、先生が「スウ」と指名なさるたびに、クラスのみんながドッと笑いました。学科では、英語と歴史が好きでした。

風雨が強い日、河井道園長は生徒たちの登校時間に玄関先に立ち、ずぶ濡れで校舎にかけこんできた妙子さんに「まあ、大変だったわね。大丈夫？」と声をかけ、「さあ、早く髪の毛をふいて」とタオルを差し出すような優しい先生だった。

入学してすぐのある日、妙子さんがお弁当を忘れたことがある。河井園長と寮生には寮でつくったお弁当が届くのだが、河井園長は叔母の家からの電話を受けて、自分のお弁当を妙子さんに差し出してくださったという。

生徒会のような組織・信和会が計画する行事には、新入生歓迎会、国際親善デー、演劇を発表する花の日、クリスマス、豆まきなどとともに、クラス別の討論会もあり、討論の議題も生徒が決めていた。ある日の討論会の題は「制服はあるほうがいいか、ないほうがいいか」「聖書の試験は必要か」だった。それを見て、「こんな問題は生徒が議論するべき事柄ではない」と批判した教師もいたそうだ。しかし、河井園長は、生徒の自主性・自治を重んじていた。

このように、戦前の女学校には珍しい自由な雰囲気のなかで過ごした妙子さんは、中学2年から、雑誌「少女の友」（実業之日本社）にペンネームで投稿するようになる。4年生のときに応募した懸賞小説「光を待つ」が第3席に選ばれ、中原淳一の挿絵つきで1940（昭和15）年1月号に掲載され、賞金5円を獲得した。

津田塾へ進学、敵性語になった英語を学ぶ

1936（昭和11）年、妙子さんが恵泉女学校1年生（今の中学1年、女学校は5年制）のとき二・二六事件が起こる。2年生の7月には、盧溝橋事件によって日中戦争が始まった。4年生に

なると、兵隊さんへの慰問袋づくり、傷病兵を招待しての音楽会や演劇会、傷病兵のための白衣を縫うなど、戦争の影響は女学校にも色濃く現れた。

戦時中のミッションスクールの微妙な立場もふくめて、恵泉女学園の歴史と河井道先生について、後年、妙子さんは学園の依頼で『この道は　恵泉と河井先生』（恵泉女学園発行、２０００）という本を著すことになる。

女学校を出たあとは、津田英学塾の本科に入りました。１９４０（昭和15）年のことです。1年生のときは、外国人の先生がいらっしゃいましたが、その翌年には真珠湾攻撃で太平洋戦争に突入しましたから、外国人教師は帰国して、日本人の先生が英会話を受け持たれるようになりました。敵性語だから英語の授業はなくなった学校が多かったのでしょうが、津田塾では、〝将来英語は必ず必要になりますから、ちゃんとやっておきましょう〟という考えで、英語の授業はほとんど従前どおり、存続していました。ただし、電車のなかで英語の本を開いたりはできませんでした。非国民と言われちゃいますから。

津田で最初に読んだ英語の本は、*Daddy-Long-Legs*、『あしながおじさん』ね。原書で通読しながら、先生のお話をうかがうという授業でした。訳解っていうのかしら。次は、ディケンズ『クリスマス・キャロル』を読みました。3年間の課程でしたが、戦争のために2年半で繰り上げとなり、授業も短縮されることになりました。だから、かなりの詰め込み授業でした。入学当初、予科を経ている同級生より英語の力が弱いと感じ、図書館でどんどん原

1939年、母と姉と、蒲田の家で。中央が妙子さん。（『三本の苗木』）

書を借りて、筋を追うようなものをつぎつぎと読みました。

当時の学制では、女学校の卒業後、予科1年、本科3年という課程だったが、妙子さんは予科には行かず、本科からスタートした。予科からの進学者は1年多く勉強しているし、帰国子女もいて、入学当初は英語力に挫折感を抱いた。それでよけいに、英語に取り組もうという意欲が生まれたのかもしれない。

図書館で借りた原書のなかには、子どものころ「世界大衆文学全集」で読んだ作品もあった。

厳しくて有名な宮村タネ先生の「訳読」の授業は、つぎつぎに指名され、翻訳につまずくと、先生が納得する訳をする学生が出るまで立っていないといけない。

「みなさんは字引の足り方が引きません」

と先生が言い間違えながら叱っても、学生たちは笑えないほどの厳しさだった。だが、訳語の選択の大切さ、翻訳調の文章で満足してはいけないことを教えられた。

この授業の宿題で、妙子さんはある日、「正確にして平明な訳。Excellent!」とコメントをもらい、尊敬する先生に認められた喜びで胸がいっぱいになる。将来、翻訳を仕事にしようと考え始めたきっかけにもなったようだ。

授業で一番面白かったのは、中野好夫先生のシェイクスピア講義でしたね。入学前、要覧を見たときから期待していました。「婦人之友」誌上のチャペックの翻訳の連載や、父の蔵書の『研究社小英米文学評伝叢書』で『バニヤン』を執筆しておられるのを読んでいたので、中野先生のお名前はよく知っていました。

中野先生の講義は、2年生の前半は哲学関係のエッセーでしたが、後半は『ジュリアス・シーザー』、3年になってからは『お気に召すまま』と『ヴェニスの商人』のさわりを講義してくださいました。先生が朗々と読まれた名場面は、あざやかに記憶に残っています。でも、半年早く繰り上げ卒業になったので、もっと講義を受けたいと思い、無鉄砲にも研究会みたいなものをお願いしてみました。幸い、快く承諾してくださって、15人くらい友だちを集めて、月に一度、駿河台のYWCAの一室を借りて『ハムレット』や『オセロ』の講義をしていただきました。ところが、そのうち空襲がひどくなって、閉講となってしまいました。

シェイクスピアといえば、こんな思い出がある。

小学校5年生のころ、父親が坪内逍遥の朗読による『ハムレット』と『ヴェニスの商人』の朗読レコードを買ってきた。『ハムレット』第3幕第1場の「世にある、世のあらぬ、それが疑問じゃ」、そして、「尼寺に行きゃ！　尼になりゃ！　さらばじゃ！」というセリフは、父の書架に並んでいた坪内逍遥訳の全集とも微妙に違っていた。のちに歌舞伎に連れて行ってもらい、あの朗読は歌舞伎のセリフに似かよっていると気づく。同じころ読んだ講談全集の『人肉裁判』という題の『ヴェニスの商人』では、アントニオは「安藤仁蔵」、シャイロックが「賽六」、ポーシャが「星哉」と日本風の名前になり、漢字にルビがふられていた。

妙子さんは幼いころ、菊池幽芳訳の『家なき児《こ》』で洋風のお菓子が「蒸餅」と訳されているのを読んで、どんな食べ物かわからなくても「タルト」というカタカナのほうが断然おいしそうだと感じていた。シェイクスピアの朗読レコードも、講談も、あまりにも日本風であるのは子どもも心に違和感を覚えた。また、文章は、声に出してみないと、呼吸や調子はわからないものだとも感じた。

繰り上げ卒業で内閣情報局に勤め、空襲を生き延びる

繰り上げ卒業で社会に押しだされたのが1942（昭和17）年の秋、敵性語を勉強する学校ということで近隣の眼が厳しい時代でした。かつてソーシャル・ダンスや音楽を遅くまで楽しんだ寮の送別会も、自粛の方向に向かっていました。

同級生のなかには、九州帝大や東北帝大など、女子の入学を認める数少ない官立大学に進学した人もいましたが、戦争前は女子が入れる大学はほんの一部だったんです。

卒業してから半年近くはうちにいて、勤労奉仕に出たり、隣組の用事にかり出されたり、姉の看病や慣れない家事をしたりしていました。いっそ勤めに出て英語力を活かしたほうがいいんじゃないかという父の勧めで、英語が使える仕事を知人に紹介してもらいました。内

閣情報局の第三部対外情報課・戦時資料室で、外国の新聞やプレスカンファレンス、戦況に関する死傷者数などの英語文書をファイリングする仕事をしました。

情報課は、他の省庁や議員さんから要求されたとき、すぐに資料を出せるように整理しておく必要があるんです。何をやっていたのか、自分ではあまりわからなかったんですけどね。情報局の仕事には対外関係と国内関係があって、対外情報課は外務省から来た課員が多かったですね。私は嘱託ですから、普通のお勤めの方とは違って、わりと気楽だったと思います。


三宅坂にある情報局に通勤したときの楽しみは、食堂のランチだった。勤めに慣れてきた1944年には、新聞記事の一部を翻訳させてもらうこともあった。

1945年4月15日夜、空襲警報のサイレンが鳴った。

妙子さんは病後の姉に肩を貸して蒲田の八幡神社の防空壕に行くよう、父に言われた。だが姉の「あんな防空壕に入るなんて、蒸し焼きにしてくださいって言うようなものよ」という言葉で防空壕へは行かず、駅近くの空き地へと逃げたのだった。

空襲が終わったあと、八幡神社の防空壕では多くの人が亡くなっていた。


あのときは、死と紙一重でしたね。建物も全部焼けてしまい、蒲田駅から羽田まで見通せるくらいに、なんにもなくなっていました。父の蔵書の一部は飯田橋にあった鉄筋コンクリート建ての富士見町教会に移されていましたが、大部分の本は蒲田の空襲で焼けました。*

4月15日夜の蒲田での空襲で一命をとりとめたのち、1945（昭和20）年8月15日知人の留守宅で、終戦を迎える。「ああ、これで空襲がなくなる!」と、うれしさがこみあげた。
敗戦後の東京で、妙子さんは新しい仕事に就く。

内幸町の放送局のなかに駐留軍（連合国）総司令部（GHQ）の民間情報教育局があって、そこに知りあいがいたので、短いものを訳してみる試験を受けました。無事、採用になったので、すぐにタイプライターを支給されて、日本の新聞の社説や記事の英訳をしました。GHQ宛ての日本人からの投書や嘆願も英語に訳しましたよ。何を訳すか、選ぶことはできません。GHQの担当者に「こういうのを訳してほしい」と命じられたものを、右から左に機械的に訳すのです。大意だけとって要約することもありました。課長さんだけがニュージーランド人で、ほかの職員は日本人でした。日系2世の方もいらしたかな。駅から通いやすいし、お給料もよかったし、いい職場でしたよ。タイプライターは、津田では戦争が始まっていたので習っていなかったのですが、卒業後、お茶の水にあったタイプ学校にひと月通ったのが、役立ちました。

翻訳に関連する仕事をしていたがゆえに、自分が本当に訳したいものがどのようなジャンルなのか、はっきりしてきた。物語や子どもの本を、それも仕事でやっている日英（日本語から英語）

ではなく、英語から日本語に翻訳したいと思った。
そしてそれを実践していく。

戦後、英語の本が出回るようになったときに、高円寺の古本屋で原書を何冊か買いました。そのなかに、スイスのヨハンナ・スピーリ著の『ヴィルデンシュタイン城』の英語訳*Maxa's Children*『マクサの子供たち』があったんです。読んでいるうちに翻訳したくなり、少しずつ訳していきました。
どこかで出版してもらえないかと考えたときに、女学校のころに投稿していた「少女の友」を思い出しました。それで、本の概要と自己紹介の手紙を編集部に出してみたんです。そのころは、まだ翻訳したいという人が珍しかったんでしょうね。あるとき、職場に編集部の方が訪ねてこられて、思いがけず「少女の友」に1年間、連載の形で載ることになったんです。

編集部の足立豊子さんの訪問は、1947（昭和22）年のことだ。個人宅にはもちろん電話が普及していないし、事前の約束なく直接訪ねるというのが、そのころは当たり前だった。

＊富士見町教会に避難して助かった蔵書のなかには、妙子さんの父・佐波亘氏が『植村正久と其の時代』（教文館）編纂《へんさん》のために集めた資料があった。現在は東京女子大学比較文化研究所の植村記念 佐波文庫になっている。

「来年の新年号から連載しましょう」と訪ねてくれた編集部の足立さんに言われ、妙子さんは張りきって訳を仕上げた。

連載が終わると単行本になり、やがてＮＨＫラジオの児童劇にもなった。

ですから、私の最初の翻訳が活字になったのは、１９４８年1月の「少女の友」の連載ですね。２年後の１９５０年、この連載をまとめた『マクサの子供たち』が新教出版社から出ました。

その前に、やはり高円寺で買った古本*Silver Skates*の訳書メリー・メープス・ドッジ『銀のスケート』が出ています。「少女の友」編集部の足立豊子さんが設立した、こまどり書苑から出してくださって、刊行が１９４８年12月ですから、最初の単行本はこの『銀のスケート』になりますね。ところが、この出版社はすぐにつぶれてしまって、本屋さんに並んだのかどうか、よくわからなかったの。

「訳者あとがき」ならぬ冒頭に「『マクサの子供たち』に寄せて」という文章を妙子さんが記している。その最後の一節を紹介する。

海を越えたお国には、髪の毛の色や、言葉は違い、生活条件もいろいろですけれど、やはりみなさんと同じような喜びや願いを持ったお友だちがたくさんいます。子供の世界は一つなのです。なぜって私たちは、誰彼の区別なく、みんなお母様という方から生まれたのですもの。此の世の光を見るずっと以前から、お母様の抱いていらっしゃった期待と愛とを負うて私たちは生まれて来たのです。マクサお母様のお祈りの中に、私たちはその期待のささやきと、愛のいぶきを感ずるのです。

中村妙子

この本の表記は「ヨハンナ・スピーリ著」となっているが、『アルプスの少女ハイジ』の作者、ヨハンナ・シュピーリのことである。

女子は官立大学入学が認められなかった戦前の無念さ

初めて本の翻訳を始めた記念すべき1947年には、ほかにもニュースがあった。4月、妙子さんは、英語科高等教員検定試験を受けて合格している。戦前は、ごく一部を除き、官立大学入学が認められていなかったなかで、英語科については、大学卒業と同程度の学力を認める唯一の試験と言える。

「わたしも実は大学に進みたかったのだが（略）そんな我侭が許されるわけもなく、自分で何とか勉強を続けて行くことにしようと考えるようになっていた」という妙子さんの、具体的な目標が、この試験だったのだ。

津田塾時代、友人と。旗行列のあとで。前列しゃがんでいるのが妙子さん。
(『三本の苗木』)

わたしがこの試験の存在を知ったのはまだ恵泉にいたとき、母のもとに送られてきた津田の同窓会報で、かねてからお名前を知っていた前田美恵子さんの検定合格について読んだときのことだった。それ以来、この試験のことが頭のどこかにこびりついていたらしく、当面のゴールとしてこれをと思いついたのだろう。(『三本の苗木』)

前田美恵子さんは、結婚により姓が変わり、神谷美恵子となる。ハンセン病療養所で精神科医として働き、著作や翻訳書もたくさんある。その神谷美恵子さんが、結核にかかり療養している間、英語科高等教員検定試験の参考書を熱心に読み、1935年、21歳という最年少の女性合格者になっている。

難関で知られるこの試験には、和文英訳のほかに、口述試験もある。単語を40ほど並べた紙を渡され、読んで即座に説明するというもの。

Pocahontasという名があって、これは恵泉のときの会話の時間に読んだ*Fifty Famous Stories*に出てきたインディアンの少女の名だと思い出した。もう一つ、記憶に残っているのは'campus'という単語。今ならキャンパスとカタカナで通じる大学の構内とか、校庭の意味だが、わたしは苦しまぎれに、宗武志氏*と読んだラテン語の教本に出てきた単語を思い出して、『あのう、ラテン語では平地という意味ですけど』と蚊の鳴くような声で答えたのだった。

（『三本の苗木』）

イギリス人試験官には、「合格したらどこかで教えるつもりか？」と質問され、「教えるつもりはありません。この試験はわたしにとって一つのゴールでした」と答えた。

津田塾を繰り上げ卒業した1942年秋から満5年が経過していたが、そのうち3年は戦争の渦中にあった。教育制度が改革されようとするなかで、「おそらくこれが最後の高等教員検定ではないかと、ひとしおの感慨があった」とも書いている。

そして、この試験勉強は、英語力のスキルアップにもなった。

1947年には、結婚もしている。シェイクスピアの研究会をお願いした中野好夫先生の紹介で、静《しず》夫人の弟、東大文学部西洋史学科の助手の中村英勝氏と。

新婚生活、大学を卒業、そして翻訳の仕事

1947年10月に中村英勝さんと結婚し、佐波妙子から中村妙子になった。英勝さんの姉は、中野好夫さんの妻、つまり義姉になった中野静さんは、かつて津田塾で英文法を教わった恩師でもあった。

結婚するまえは田無町に住んでいましたが、結婚して板橋区にある東大の学生寮に入居しました。夫の中村が住んでいた六畳の部屋に、私も布団と本だけの荷物を持ちこんだのです。大学生だけではなくて家族づれ、お子さんのいらっしゃる先生もおられました。まだまだ住宅難でしたから。

この板橋の学生寮は、大学当局が臨時の寮をもうける必要に迫られて、戦争中に印刷工場の女子寮だった板橋10丁目の建物を使わせてもらったものだという。次のように思い出を記している。

板橋寮には一種の暗黙の規律が存在しながら、自由な雰囲気がみなぎっていて、ここが新生活の拠点であったのは、わたしにとってたいへんありがたいことだったと思う。

結婚二か月目の十二月の暮れ近く、寮の玄関に、「板橋寮の今年の十大ニュース」と題する一枚の紙が張り出された。十大ニュースのその一は「中村氏、華燭の典をあげらる。夫人は敬虔なクリスチャン」であった。〝敬虔な〟はクリスチャンの枕詞らしいから、とやかく言うことはないのだが、わたしたちの結婚は、学生寮にちょっとした波紋を引き起こしていたのかもしれない。(『三本の苗木』)

＊ 宗武志氏には戦争中、内閣情報局の戦時資料室に嘱託として勤めていたとき、ラテン語を教えてもらったことがある。

1948年に長女を出産し、数か月後に、世田谷に引っ越しするが、そこも知人の家の間借りであった。

1950年には一念発起して東京大学西洋史学科に入学。1951年には次女が生まれ、3学年制の旧制大学を4年がかりで卒業した。

学問をしたかったというよりも、家庭のことだけじゃつまらないという気持ちのほうが強かったという気がします。それは、今の女性たちと同じじゃないかしらね。でも大学は結局、出席できない授業が多くて、出席回数に関係なく試験に通れば単位がとれるという科目をフルに活用しましたね。教育学や歴史学の概論は、忠実に授業に出た学生のノートのプリントが生協で売られていて、それを買って試験勉強しました（笑）。みっちり勉強したと言える唯一の経験は卒論だけでしょうか。

英語の家庭教師もしていました。あのころは生活が苦しくて、給料を袋ごと渡されても、半月で足りなくなるし、質ぐさがないから質屋にも行けず、家庭教師は必要に迫られてという感じでしたね。子どもたちに本も買ってあげたいし。

この結婚によって、中野好夫先生は、義兄となったわけだが、妙子さんにとっては、その後もずっと「中野先生」であった。

『バニヤン』を、牧師である父親の蔵書で読んでいた妙子さん。中野先生の講義が聴けると楽しみにしていたことは、前に出てきたとおりだ。

妙子さんが津田英学塾に入った1940（昭和15）年、中野好夫先生はこの1年間だけで、なんと翻訳4作品、著書1冊を刊行している。1月にモーム『雨』（岩波文庫）、スウィフト『ガリヴァ旅行記・上・下』（世界文庫・弘文堂書房）、8月にモーム『月と六ペンス』「現代世界文学叢書」収録（中央公論社）、9月に著書『アラビアのロレンス』（岩波新書）、コンラッド『闇の奥』「新世界文学全集」収録（河出書房）。

中野さんの最初の著作はバニヤンの評伝だったが、その代表作で「聖書の次によく読まれた」という『天路歴程』を、1987年、妙子さんが子ども向けに翻訳している。その「まえがき」にこう書いている。

　小学生のころ、ルイザ・メイ・オルコットの『若草物語』の抄訳を読みました。いまでもあざやかに記憶に残っているのは、4人の姉妹の〝巡礼ごっこ〟。巡礼といっても日本のお遍路さんの旅とは違って、背中に荷物を背負って地上から天国への道筋をたどるのです。起点は地下室、終点の天国は屋上。途中の美わしの宮殿でやさしい娘たちのもてなしを受けたり、恐ろしいライオンのそばを通りぬけたり。これはルイザ以下、オルコット家の姉妹たちにとって、たいへん楽しいひとときだったに違いありません。（略）

　もう少し大きくなって『若草物語』を全訳で読むころには、わたしも、この〝巡礼ごっこ〟がバニヤンの『天路歴程』にもとづいていたのだということを知っていました。『天路歴程』はわたしの心のなかでメグやジョーたちの姿と重なって、固苦しいとか、むずかしいといった感じを受けたことがありません。（ジョン・バニヤン『危険な旅　天路歴程ものがたり』中村妙子訳、新教出版社、1987→2013）

若かりし中野好夫さんが伝記を執筆し、妙子さんは、その代表作を子ども向けに翻訳したという〝バニヤンつながり〟に、運命的なものを感じる。

子どもが小さいうちは、夫の母がみてくれたり、お手伝いさんを通いでお願いしたりしましたが、翻訳の仕事は家でできるので、外の勤めよりらくだったと思います。そのあと、恵泉の短大や津田塾大学に講師で行くようになりましたけれど、外出が毎日だったら大変だと思いましたね。私の場合は、子育てが主な仕事で、子どもたちが学校に行っている間とか、あいている時間に翻訳をするという感じでした。細々とでも続けていると、そのうちに子どもは大きくなります。そうすれば仕事ももっとできるようになります。

それと、私はね、半端時間とか、短い時間でも、翻訳をするという空間にすぐ戻れるんです。集中力というより、まあ、時間のやりくり、という感じでした。凝って一生懸命やるほうではないの。何をやっても、全然、涙ぐましくないんですよ、私って。

と笑いながらおっしゃるが、もちろん並大抵の努力ではなかっただろう。

締め切りを守らないということはいっぺんもなくて、締め切りより早く出す性格《たち》なんです。出版社さんにとって、便利だったんじゃないでしょうか。もっとも、私は悪筆なので、その点、みなさんに迷惑をかけたと思います。『マクサの子供たち』のあと、中野（好夫）先生が、〝子どもの本の翻訳を共訳でやらないか〟とおっしゃって、評論社から『ベッチイ物語』（ドロシィ・キャンフィールド、1950）が出たんです。ところが、ゲラの誤植が多くて、私が「まちがいが多くて困ります」とこぼしたら、中野先生に、「あんな汚い字じゃ、印刷屋がまちがわないほうが不思議だ」って怒られたことがありました（笑）。

あまりに字がひどいと言われるので、他人さまに読んでいただくのだから申し訳ないと自戒して、途中から、親しい方にアルバイトで、お清書をお願いしました。その方は、私のひどい字も読みといてくださってね。かなり長い間お願いしていましたが、そのうちワープロが出てきて、ありがたかったです。私、機械には弱いけれど、タイプライターはできましたから、ワープロがすぐ活用できたんです。

中野好夫先生は、『ベッチイ物語』のあとも、『イシ　二つの世界に生きたインディアンの物語』（シオドーラ・クローバー、岩波書店、1977）の共訳をまわしてくれた。

あるときは、「もう少し砕いてもよかったな」、またあるときは、「筆が走りすぎんように」と言われたという。

『イシ』の「訳者あとがき」に、中野好夫さんはこう書いている。

最後に中村妙子との共訳ということだけには、一言釈明をしておきます。もちろん、訳出はすべて妙子の労で、わたしはただ校正刷を一読しただけです。まったくといってもよいほど筆を加える必要はありませんでした。妙子はすでに十数冊の訳書を出しており、児童物の翻訳にかけてはわたし以上の名手だと信じています。この本の訳出にあたり、わたしが彼女を推薦したことまでは事実ですが、共訳者として名を列ねるとは考えも及びませんでした。彼女の功の半ばを奪うことは心苦しいからです。といって、妙子から機会を奪うことも心ないことですので、彼女がわたしの義妹ということもあり、まずは諒解してくれるものと信じて応諾しました。出来栄えのすぐれたところはすべて彼女の手柄です。まちがいのないよう、つけくわえます。

一九七七年八月

また、妙子さんが夫の英勝さんと共訳した『現代史序説』（G・バラクラフ、岩波書店、1971）では、中野好夫さんから「訳文は声を出して読み直すことだ」「句読点もばかにならん」とアドバイスされた。

妙子さんが子育てしながら翻訳の仕事をしていくうえでのサポーター、夫・中村英勝さんの母親も興味ふかい人物だ。

この母（中村さち）とは実家の母以上に長い年月を（昭和五二年六月十五日、九十一歳で没）ともに暮らすことになる。『言海』の大槻文彦の一人娘で、世間のお姑さんとはかなり違っていたのではないだろうか。いちばん嫌っていたのはうるさく世話を焼かれることで、足が丈夫なうちは芝の永平寺別院に『正法眼蔵随聞記』についての講話を伺いに行ったり、お茶のお稽古を欠かさなかったり、とにかく前向きの人だった。初版の『内村鑑三全集』を揃えて持っていたし、八十歳のころ、買ってきてもらいたいと依頼された本のうちに、増谷文雄『仏教とキリスト教の間』という題の本があったり、知識欲は最後まで旺盛だった。

小学校は行かずに家庭教師と勉強し、その後しばらく行儀見習いのために伊達家にあがっていた、という話、『言海』の印税がどうしてか、銀行でなく、質屋から支払われることになっていて、取りに行くつど、恥ずかしかったといった話はどれもとても面白くて、もっといろいろ聞いておくのだったと今になって悔やんでいる。（『三本の苗木』）

戦争中、さちさんは中村家の郷里・滋賀県彦根に疎開し、戦後もそのまま彦根にいる間に、息子と妙子さんの結婚が決まった。妙子さんのお母さんは、姑に娘を気に入ってもらえるかと気を揉んだ。娘が生まれて世田谷で3人暮らしのときに東大受験を決意したのは、ときどきなら子どもを預かってもよいという、さちさんの言葉も影響していたのだろう。

翻訳の仕事を依頼される出版社も増えていった。

「少女の友」に最初の翻訳を連載していたときに学研から声がかかり、新教出版社からは、フルダ・ニーバー『聖書物語』やアブラハム・カイパー『聖書の女性』の翻訳の仕事がきた。

その後、偕成社から翻訳を依頼された本が夏休みの課題図書に指定され、子どもたちによく読まれたようだ。

キリスト教関係の翻訳は、依頼があれば、できるだけやりたいと思いましたし、ずいぶんお仕事をいただきましたが、ずっとやりたかったのは子どもの本です。やがてアガサ・クリスティーを翻訳したり、ロザムンド・ピルチャーに親しんだり。

基本は、原書を読んで、自分が面白いと思ったものを翻訳するということです。お断わりすることがないわけではありませんでしたが、ほとんど引き受けてきたと思います。途中からは、編集者の方も私に合う作品をもってきてくださるようになりましたし。

小さいときの本好きの延長という感じで、いまだにやっぱり翻訳が一番好きな仕事ですね。

アガサ・クリスティーからC・S・ルイスまで

最初に訳したアガサ・クリスティーの作品は、1959年に刊行された『火曜クラブ　ミス・マープルと13の事件』（早川書房）だ。翌60年、夫がフルブライト奨学金で渡米することになり、妙子さんもイギリスとアメリカ合州国に行った。

アメリカの大学の図書館でカードをめくっていると、Westmacott, Mary という名前のあと、括弧して（Christie, Agatha）とあった。読んでみると、最後まで殺人事件が起こらない小説。クリスティーが別名で発表していたのだ。この *Absent in the Spring* は、妙子さんには珍しく、自分から出版社に翻訳したいと持ち込んだ。それが、『春にして君を離れ』（ハヤカワ文庫、1973）である。

こうして、クリスティーの推理小説以外の「叙情的ロマンス」を訳すようになり、やがて作家の人生に興味が湧いてきて、『アガサ・クリスティーの真実』（新教出版社、1986）、『鏡の中のクリスティー』（早川書房、1991）を執筆した。『アガサ・クリスティーの真実』には、小学校の同級生・作間すみ子さんとのエピソードも描かれている（以下、ミステリのネタバレ含む）。

『アクロイド殺し』をはじめて手にしたのは小学校の、たぶん六年生のときだったと思う。

翻訳家の宇野利泰氏（当時はまだ実業界にいらっしゃった）の奥さまの妹さんと五年生の二学期から同級で、二人で前後して夢中で読んだことを覚えている。女学校は彼女は府立、わたしは私立、そうしょっちゅうは会えなくなっていたのだから、あれを読んだのはどうしても小学生時代の終りごろということになる。

当時わたしたちは探偵小説に熱中しており、貸したり借りたりの果てに生意気にも古本屋をあさるほどになっていた。『アクロイド殺し』という黄表紙の小型本も、最寄りの古本屋で見つけてどっちかが買ったものだった。新刊の「少年倶楽部」が五十銭の時代だから、あの古本は二、三十銭で買えたのではないだろうか。

読んだのはわたしが先だったと思う。

「サバタイ、この話、あんまりだわ。語り手が犯人だなんて、人をばかにしてるわよ」というのがすみ子さんの口を尖らせての読後感。ちなみにサバタイというのは、私の旧姓にちなむ珍妙な綽名である。

「そうかなあ」とわたしは曖昧に答えた。推理小説は、犯人がなかなか当てられないものほど面白い。最後のどんでん返しは、意外なほどよい。その昔、わたしは単純にそう考えていた。

「佐波（サバ）」「タエ子」で「サバタイ」がニックネームだったのだ。夢中になった推理小説を翻訳したり作家について執筆したりする未来を、小学生のサバタイは予感していたのかもしれない。

妙子さんのもうひとつ代表的な翻訳書といえば、C・S・ルイスだ。ルイスの著作には『ライオンと魔女（ナルニア国ものがたり）』（瀬田貞二訳、岩波書店、1966）のような児童文学・ファンタジーのほかに、詩集や神学論文集もある。『C・S・ルイスの秘密の国』（アン・アーノット、すぐ書房、1978）などの評伝を翻訳するなかで、キリスト者である彼の生き方に関心をもつようになった。

そして、『ナルニア国の父　C・S・ルイス』（マイケル・ホワイト、岩波書店、2005）を訳した。

翻訳者にとってルイスの著作を訳すことはひとつの挑戦みたいなところがあると同時に、濃密な読書でもあります。ルイスは比喩がとても巧みです。たとえば私の訳した『痛みの問題』（新教出版社）でも、人間はひとりひとりが様々であることを鍵の鋳型にたとえています。鋳型を見ただけではとても奇妙な形で、それが何の役に立つのかわからない。けれどもそれが鍵の鋳型だとわかれば、そうした奇妙な形だからこそ、意味があるのだと納得する。人の魂も、神性の限りない凹凸に合うように様々な形にできていて、それぞれが多くの棟からなる屋敷のドアのひとつひとつを開ける鍵なのだと。

こういう刺激的な表現に出会うと、私は訳していることを忘れてしまいます。深い思想を日常的なやさしい言葉に変えて言うことができた、それがルイスの言葉の力なんですね。

ルイスを訳しているときは気持ちが高揚して、翻訳を中断して部屋のなかを歩きまわっていることもあったそうだ。

「ロザムンドおばさん」短篇シリーズ（晶文社）や『シェルシーカーズ』『野の花のように』『九月に』（以上、朔北社）のロザムンド・ピルチャーも、翻訳をたくさん手がけている原作者だ。

ピルチャーの作品は、アガサ・クリスティーのことを調べにイギリスに行った帰り、ヒースロー空港でまったく偶然に見つけたんです。読んでみたら本当に面白い。雑誌の「婦人之友」で数篇紹介したら、読者からの反響が大きくて、それで後に単行本として翻訳しました。

とくに『シェルシーカーズ』は読者が友人に勧めるという口コミで広がっていったようだ。

ピルチャーのものには、若い登場人物ばかり出てくる作品もあるけれど、高齢の登場人物もいいですよね。「ああいうふうに歳をとりたい」「自分の母親を思い出した」という読者からのお便りが来て、翻訳してよかったと思いましたね。遠い外国の人が考えていることを、とってても身近に感じるというお手紙もあります。人間ってどこにいても同じように考えるこ

アリータ・リチャードソンさん（左）と中村妙子さん。（『三本の苗木』）

とがあるんじゃないかしら。とくに人間関係についてはね。
詳しく書きこまれた風景描写もピルチャー作品の特徴ですけど、自然の情景を訳すのはむずかしいですね。海や空の色でも、日本人の描写とはかなり違うし。私、スコットランドには行ったことがないから、写真集をみて想像しながら訳しましたっけ。

妙子さんとピルチャー、そしてアリータ・リチャードソンも同じ世代だ。リチャードソンの「メイベルおばあちゃん」シリーズ（朔北社）は、一昔前のアメリカを舞台にした、おてんば娘のお話。原作者と文通はしてきたが、直接会ったのは彼女が初めてだった。

昔、『家なき子』より『家なき娘』が好きだった妙子さん。その『家なき娘』にちょっと似ていて気に入ったのが、ガートルード・ウォーナーの「ボックスカーのきょうだい」シリーズ（朔北社）だ。

ウォーナーは小学校の先生をしていた女性で、1年生が習う英単語だけを使って、ミステリや冒険を身近なところで書いています。子どもを見ていると、さまざまでしょ。本もいろいろな種類のものがあるほうがいいと思うの。
最近は、なんでもテンポが速いし、テレビに出てくる子どもたちも、きびきびした子が多いのよね。でも、まわりのスピードに合わせて無理をしている子もいます。おっとりしていて、ゆっくり物事をすすめるような、そういう子の居場所、そんな子どもが楽な気持ちになれる本も必要だと思うんです。自分であれこれ想像できる余地を残している本ね。

ほかにも、マイケル・ボンド「くまのパディントン」シリーズや、ロングセラー『サンタクロースっているんでしょうか？』（ともに偕成社）など、子ども向けの本を訳しながら、子育てをしてきた。

翻訳のおかげで、本当にいろいろな本を読むことになりました。たとえば海外の家庭や子どもの状況が出てきますでしょ、子どもの願っていることと親の考えが違うときに、子どもに押しつけても仕方ないとか、本質的なことがさりげなく語られています。そういう本を読んでいると、子どもに「勉強しろ」なんて言えなくなっちゃうんですよね。知らず知らずのうちに子育てについても学んでいたのかもしれません。その意味でも、翻訳をしてきてよかったと思います。

子どもが学校に通っているころ、私も家庭教師のアルバイトをしていましたから、自分の子にも教えようとしましたよ。けれど、あっさり拒否されまして……（笑）。まあ、試験前にまとめて質問されることはありましたけど、直前に言われてもねえ。だいぶたってから、その娘たちに、翻訳の調べものなどで助けてもらうようになりました。

その後、津田塾大学で、「翻訳演習」を担当した。クラスのために、それまでの翻訳の仕事で培ってきたものをカルタで表現した。「中村式いろは翻訳カルタ」である。そのいくつかを紹介すると……。

「一に原文、二に原文」「人称の一貫性」「補足するのも訳のうち」「時には発想を変えてみる」「抜かさぬように、飛ばさぬように」「書き出しにさりげない注意」「おさらばしよう、受験英語」「句読点、あるとないとで大違い」「舌にのせる、耳で試す」「知らないということを知っている必要」

（亀田帛子「中村妙子　訳書はいつしか背丈を越えて」川本静子・亀田帛子、高桑美子編著『津田梅子の娘たち　ひと粒の種子から』ドメス出版、２００１）

時代がだいぶ変わってきて、このごろは、入手しやすいように、コンパクトな本が多いですね。編集者の方は読者の代表だと思いますから、ご意見はだいたい受け入れます。とくに若い編集者の意見はね。光文社さんとは翻訳のご縁はなかったけど、文京のマンションのすぐ近くにあるから、たびたび本を買いにいったことがあるのよ。文京区暮らしが長かったんですが、いずれは油壺に定住するつもりでこちらのホームを契約しました。主人が海辺の雰囲気が好きだったので、よく三浦半島をドライブしましたね。

２０１４年の年頭に「産経新聞」に原稿を寄せたとき、*翻訳した本は３００点になったと出ていましたが、絵本や袖珍本《しゅうちんぼん》を入れるともう少し多いんじゃないかしら。ホームの部屋はせまいので、大量の本は置けません。でも、自分の訳書には責任がありますから、油壺に引っ越すときに全部持ってきて、やっと本棚に収まりました。こちらで暮らすようになって5年くらい。今は、三食昼寝つきで、気楽《きらく》に過ごしています。仕事をしないと早く呆《ぼ》けてしまいそうで、老化を遅らせるためにも翻訳をもう少し続けたいと思っています。

ダイニングテーブルのある部屋のガラスケースには、旅行先で買ってきた海外の人形とともに、手がけた本が並んでいる。文京区のマンションの雰囲気が、油壺のお部屋にも漂っていた。ウクライナ生まれの翻訳家スヴェトラーナ・ガイヤーを描いたドキュメンタリー映画『ドストエフスキーと愛に生きる』**を観たとき、妙子さんと重なって見えた。翻訳が、からだや暮らしに、しっくりとなじんでいて、「仕事」というより日々の営みになっているように感じられる。ふたりとも1923年生まれだ。

そして、妙子さんが訳した書物は、人々の日常に、いろいろな味わいを添えていく。

＊「産経新聞」2014年1月5日号「翻訳机　幼いころのストーリーの濫読」。
＊＊監督・脚本　ヴァディム・イェンドレイコ、スイス・ドイツ、2009、配給アップリンク。

（上）2014年、油壺のご自宅にて。（下）書斎にある中村さんの机。パソコン、プリンターとともに、愛用の万年筆も置かれている。（撮影：大橋由香子）

コラム　彼女たちのまわりにいた人や本

翻訳したものが活字になるきっかけは、妙子さんが雑誌「少女の友」（実業之日本社）編集部に、売り込みの手紙を出したこと。その手紙を読んで連載を依頼しに妙子さんの職場に会いにきた編集者が足立豊子さんだ。「少女の友」編集部を辞めたあと、「こまどり書苑」という出版社をつくり、翻案した作品に『世界名作童話全集43ラスキン　金の川の王さま』（ラスキン原作、講談社）、『サーカスの少女』（アボット原作、偕成社）があり、「岸なみ」の名前で翻訳した作品に『アンクル・トム物語』（ストー夫人、岩崎書店）、『王女ナスカ』（スターリング、講談社）など多数あり、児童文学作家でもあった。

さらに、同じく「岸なみ」の名前で、『おにのよめさん』（偕成社）、『てんぐのこま』（福音館書店）、『伊豆の民話』（未来社）など、民話の収集や再話もたくさん手がけている。枯枝に餅花《もちばな》をかざって春をまちつつ「雛《ひな》の夜ばやし」を語ってくれた祖母、伊豆なまりもなつかしく「ねずみ予言」におどけた祖父、一本も歯のないほら穴のような口から、もがもがと「あんばらやみの馬」を話してくれた馬おじい、「乳《ち》もらい柳」の語り手のひげの大伯父、などの口調を記憶に刻み、活字ではなく、口から耳へと伝わっていった話し言葉に心おどらせた足立さん。「少女の友」に持ち込まれた妙子さんの翻訳原稿に共感したのだろう。

もうひとり妙子さんの支えとなったのが、叔母（母の妹）の植村環さん。植村環さんは1

890年生まれ、15歳のとき、父・植村正久（妙子さんの祖父）から受洗し、日本で二人目の女性牧師になった。日本YWCAの基礎を築き、婦人運動や平和運動でも活躍してきた。

妙子さんが小学校卒業後、蒲田から小田急線経堂にある恵泉女学園まで通うには遠いので、大久保にある植村環さんの家に1年間居候していた。そこにたくさんあったC・S・ルイスの原書を読んだことが、ルイスに興味をいだくきっかけだった。なお、恵泉女学園と創設者・河井道については、柚木麻子の小説『らんたん』（小学館、2021）に描かれている。「少女時代」の連載が単行本になった『マクサの子供たち』の序文は、植村環さんが書いている。

何か良い本が日本の子供らの心を温める日を待ちに待っていた矢先、こんなにも愛すべき御話が生れて来て、ほんとうに、大人は嬉しくてなりません。ハイディの姉妹篇である、この「マクサの子供たち」は、何という風格の高い文体で、書かれているのでしょう。私は、ゆくりなくも、昔、若松賤子の「小公子」を読んだ時の、あの、ほのぼのとぬくもる気持をもう一度自分の胸の中に感じたのです。（略）

大人が造る世界は、今の処、住み難くて仕方がありませんが、「マクサの子供たち」が大人になり、他の大人を自分らの仲間に入れてくれたら、それは何と楽しい処となることでしょう。

本書の訳者も、優しい、無邪気なお母さんです。私は訳者が、いつまでも子供の天地を棄てないように、心中深く祈っているものです。子供の天地を棄てては、良い母にはなれないからです。訳者は、きっと、いつまでも子供らしさを基調にした母らしさを身につけて、淋しい、固い、歪んだ世を導く立場に置かれることでしょう。そう祈っています。

植村環

「無邪気なお母さん」「子供らしさを基調にした母らしさ」という言葉が、目の前にいる妙子さんと重なる。

インタビュー後の雑談のとき、「あなたはどちらの高校を出ていらっしゃるの？」と妙子さんに聞かれた。私が学校名を答えると、「あら、それじゃあ、利子さんの後輩だわね。それに、叔母の植村環も卒業生で教えていましたのよ」と美しい声でおっしゃった。「利子さん」とは中野利子で、著書に『父 中野好夫のこと』（岩波書店、1992）がある。

人と人の縁、人と本とは、どこかで、かすかにでもつながっていて、面白い。

【追記】このおしゃべりのあと、コロナ禍や妙子さんのご健康のこともあり、油壺のお宅に伺うことはできなかった。やがて、年賀状のお返事として、娘の章子さんから近況報告が届くようになった。2023年には、「母、中村妙子はこの二月に百歳になりますが、元気で、感謝です。関東大震災、空襲、結核を生きのび、本人も驚いている様子ですが、歳は気にしていないみたいです。」と書かれていた。関東大震災の時、妙子さんは生後6カ月。地鳴りと激しい揺れがきて、母がすぐに抱き上げて逃げたことを兄・佐波正一さんが『三本の苗』に記している。

　2024年には「今年、母は百一歳になります。耳は遠いので大声で互いに昔話をしています」というお葉書をいただいた。2月21日にお誕生日を迎え、4月からのNHK朝の連ドラ「虎に翼」の主人公は妙子さんより9歳上。弁護士や裁判官になれない時代、大学進学が女性には困難なことなど、妙子さんの苦悩とも重なっている。……などと書くと、あら、私って、涙ぐましくないんですよ、と笑顔でおっしゃるような気がする。

『三本の苗』の妙子さんの記述からは、昔も今も、似たようなことで怒ったり泣いたり笑ったりしている女たちの姿も伝わってくる。戦争中、戦時資料室勤務のとき、男子の嘱託より女子の嘱託が忙しくても、お茶をいれるのは女子という習慣があった。ある時、同僚である日系2世の女性Eさんが「今後はお茶はセルフサービスで」と宣言、女子たちは何日か頑張った。しかし、尊敬する男性上司の説得で、妙子さんもみんなも「うやむやのうちにストライキ（?）をやめてしまった」そうだ。このエピソードに、（それにしても男性は大しておいしくもないお茶を一日に何回も飲みたがるのだった）と（　）内に綴る妙子さんのユーモア感覚に頬がゆるむ。

　そんなことを思いながら毎朝「虎に翼」を見ていたら、妙子さんの訃報が届いた。

　今度の休みには、空襲で悲しい経験をした蒲田の八幡神社、そして大森教会に行ってご冥福をお祈りしよう。もうすぐ池上本門寺のお会式がやってくる。

Vol.2

深町眞理子

「キング、アンネの日記、シャーロック・ホームズ 英米の小説の翻訳なんかやってます」

深町眞理子（ふかまち・まりこ）
1931年11月1日東京生まれ。父の会社の転勤により日本と朝鮮半島を行き来し、京城府立第一高等女学校に進学して4カ月で敗戦を迎える。引き揚げ後、東京都立忍岡高女へ。卒業後は、チャールズ・イー・タトル商会に勤務する。宇野利泰氏の下訳などを経て、翻訳家に。訳書にシャーリイ・ジャクスン『くじ』、ジェーン・ギャスケル『アトランの女王』、アーサー・C・クラーク『渇きの海』、アガサ・クリスティー『親指のうずき』『ABC殺人事件』、マイケル・ムアコック「ルーンの杖秘録」シリーズ、ロジャー・ゼラズニイ『光の王』、スティーヴン・キング『ザ・スタンド』、アンネ・フランク『アンネの日記　増補新訂版』、ジャスティン・マトット『花の記憶　こころの庭』、ジャック・ロンドン『野性の呼び声』『白い牙』、アーサー・コナン・ドイル「シャーロック・ホームズ」シリーズほか多数。著書『翻訳者の仕事部屋』。

母のこと、父のこと、家のこと

私が生まれたのは、東京渋谷区広尾にあった日本赤十字社産院です。
当時は広尾が東京の市内ではなく、まだ郡部だった時代で、住所表記は豊多摩郡宮代一番地でした。自宅でお産婆さんにとりあげてもらうのが普通だった時代に、産院でお産するなんて、やっぱり父がハイカラ好みだったんでしょうね。弟は、父の転勤で広島に行ってから生まれたので、自宅での出産でしたけど。

私が生まれるまで、両親は新婚夫婦として池袋の下宿屋で暮らしていたようですが、母がお産で入院してるあいだに、父が杉並の阿佐ヶ谷に借家を見つけ、引っ越しもすませていました。それで、母と赤ん坊の私とは、退院後にまっすぐその新しい家に帰ったわけです。

当然、池袋の家のことはなにも知りませんが、話に聞くと、その家には、母の妹たちや、父同様に大学進学で群馬県から上京してきた父の甥《おい》（長兄の長男）やら従兄弟《いとこ》やらが、しょっちゅう遊びにきて、ある種、若いひとの溜まり場みたいになってたようです。げんに、母の末妹は、そこで出あった父の又従弟と結婚しています。つまり、母にはおなじ深町という姓の妹がいるわけ。

ともあれ、私の記憶にある最初の住まいは、そのあとの阿佐ヶ谷の家になります。

母は東京の下町娘で、長唄や踊りを習っていました。二男五女の兄妹の、母は次女ですが、母だけでなく、姉妹はみんなそうした習い事をしていて、これは当時の下町の、ある程度のゆとりのある家庭なら、どこでもそうだったと思います。母は本も好きでしたけど、もともと（私とは逆に）社交的なひとですから、じっと本を読んでるのより、外に出て遊び歩くほうが多かったんじゃないかな。

父の転勤で各地を転々とし、いちばん東京から（地理的に、ではなく、心理的に）遠かったのは、朝鮮の光州（現・韓国クワンジュ）だったでしょう。全羅南道の道都ですから、れっきとした都会なんですけど、東京育ちの母にしてみれば、地果つるところにきてしまった、といった気分だったんでしょうね。

せめて東京とつながっていたいと思ったのか、雑誌「オール読物」を予約購読していて、それが毎号、はるばる光州まで送られてくるんですが、私はこれに連載されていた「銭形平次」シリーズを、なめるように読んでいました。それ以外にも、以前からうちにあった「円本」の広津柳浪とか、泉鏡花なんかの全集も読んでましたね。小学校3、4年生で、ですよ。

「銭形平次」のなかに、〝妾〟という言葉が出てくるんですけど、子どもだから、これがなんなのかわからない。それでも、「〝めかけ〟ってなあに？」と親に訊いちゃいけないぐらいの才覚は、小学3年生でも働くんです。要は、想像力ですよ。

父はサラリーマンで、けっしてお金持ちではありませんから、本を買ってもらえるのは、1カ月に1冊だけです。いま思えば、たぶんお給料日のあとだったんでしょう。1冊ではすぐに読みおわっちゃうから、数少ない友だちに頼みこんで、貸し借りしていました。

朝鮮半島、ソウルでの子ども時代

父の会社はたびたび転勤があって、東京から広島に、つぎに朝鮮の京城（現・韓国ソウル）に転任しました。1937（昭和12）年の秋から、40（同15）年の2月まで、つまり私が学校にあがる前から、小学2年の3学期なかばまでソウルにいましたが、そのかん、現地のひととの接点とか交流とかは、まったくありませんでした。当時はそれが普通だったんです。学校は日本人だけの学校だし、現地のひとが多かった家事使用人や、出入りの商人などとも、わが家はまるきり無縁に暮らしていましたから。

その後も光州、また東京と転々として、1944（昭和19）年2月に、東京から再度ソウルに行ったんですが、ちょうど私の女学校受験と時期が重なって混乱があり、結果から見れば落第したかたちで、小学6年生をもう一度くりかえすはめになりました。

翌45（同20）年に、ようやく京城府立第一高等女学校（当時）に進学したんですが、このとき、200人以上いる同学年に、ひとりだけ朝鮮籍のひとがいました。

当時は国の命令でみんな日本名を名乗らされていましたから、名前だけではそうと知れるはずがないのに、なぜかみんなが、「あのひと、朝鮮人ですってよ」と言って、差別してましたね。日本人以外は入学不可、なんて規則があったわけじゃないので、べつに不思議はないんですけど、入学後につらい思いをするのはわかりきってるのに、とは思いました。どうです、わかるでしょう、子どもでも、ここまで差別感情がしみこんでるんですよ。いま思いかえしても、冷や汗が出ます。

のちに韓国への渡航が自由になってから、2度めの6年生を過ごした小学校の級友など、「母校訪問」とか称して、大挙してソウルを訪れていましたけど、私は（はるばるイースター島まで行ったことはあっても）、近い韓国へは、一度も行ったことがありません。むかしの自分を思えば、とてもあの国へ足を向ける勇気はありませんよ。

朝鮮のひとは日本語を使うことも強制されていたわけですから、周囲で向こうの言葉を耳にすることもありませんでした。

一度だけ、市電の停留所で、年配の女性から朝鮮語で話しかけられたことがあります。このときばかり、かねて教わっていたとおりに、「ウリ・チョソンマリ・モルクスンニダー（私は朝鮮語が話せません）」と言ってみたんですが、発音が悪かったのか、そもそも発音をまちがって覚えていたのか、ぜんぜん通じませんでしたね。

朝鮮の風物で印象に残っているのは、お墓です。お墓は土饅頭《どまんじゅう》で、墓碑とか墓石を置く風習はないらしく、ちょっと郊外に行くと、そういうただの土饅頭がいくつも並んでいます。周辺の山にも木はいっさいなく、禿げ山ばかり。日本はとにかく緑が豊かですから、距離的には近い国なのに、目にはいる風景はまるきりちがいます。

気候も向こうは大陸性気候ですから、冬は寒く、夏は暑くて、苛酷です。ソウルは緯度のうえでは仙台とほぼおなじですけど、海洋性気候である日本とは、段ちがいに気候がきびしい。冬は毎朝、水道管が凍ります（暖房が発達した現在では、またちがうでしょうけど）。前日にやかんに汲んでおいた水も凍っていて、それを沸かして、水道栓にかけて解かす、それが母の朝一番の仕事でした。

夏はまたその反対に暑さがきびしく、一度、弟が悪戯《いたずら》して、2階の物干し台に寒暖計を置きっぱなしにしておいたところ、48度まで温度があがったことがあります。48度って、砂漠並みですよね。近ごろは東京でも36度くらいになるのは珍しくなくなったので、48度でも驚かないかもしれないけど、とにかくそのときは、48度と聞いただけで、気が遠くなったものです。

最初にソウルにいた1938（昭和13）年、祖父（父の父）が亡くなり、真夏の暑い盛りに内地（当時は日本本土のことをこう呼んでいました）へ帰ってきたことがあります。父の生家のある群馬県の前橋へは直行せず、水道橋駅の北側、神田川の川べりにあった母の実家にしばらく滞在させてもらってから、前橋へ行きました。

父は三男坊で、大学進学で東京へ出てきてから、生家とは縁が薄くなっていました。祖父は早くに隠居して、二まわりも年の離れた父の長兄が家を継いでいましたから、三男坊とその妻子がはるばる出かけていっても、ほとんど邪魔者扱い。

生家は「分銅三つ鱗」という商標名で味噌・醤油を醸造・販売していて、母屋の裏には大きな醸造蔵が幾棟もあり、巨大な樽がごろごろしていましたが、私たち親子が泊められたのは、母屋のほうではなく、その蔵の2階だか3階だかで、通風はゼロ。2日いただけで、私も弟も汗疹《あせも》だらけになりました。東京にもどってきてから、祖母（母の母）が、「かわいそうに」と言っていたのをいまでも覚えています。

コラム ― 深町さんのピアノの思い出

深町眞理子さんの父親は、群馬県前橋市の商家の三男として生まれ、幼いころから〝西洋音楽〟に興味を持っていたが、時代的にも、地方の商家の三男坊という環境からも、それで身を立てることは、かなわぬ願いだったという。

慶應義塾大学経済学部に入学すると、すぐにギターを始め、マンドリン・クラブで部活動にいそしんだ。関東大震災のときには、ちょうど北海道に演奏旅行に行っていたため、無事だったという。おなじクラブでマンドリンを弾いていた学友の妹と結婚した。

お父さんは就職後も、趣味としてのギター演奏はつづけていた。広島勤務時代には、ある女性流行歌手の伴奏でラジオに出たこともあるし、年に2回は、所属している軽音楽クラブの演奏会もあった。演奏会の最後に、指揮者に花束を持ってゆく役目は、いつも幼い眞理子さんが務めた。

「ぼくのようにおとなになってから始めたのでは、しょせん、あるレベルにまでしか達しない。だから娘には小さいうちからびしびし仕込むのだ」

これがお父さんの口癖で、眞理子さんが4歳半のときにピアノを購入。広島の段原山崎《だんばらやまさき》にあった家から、週に2回ほど、母のお手製の楽譜袋をさげて、ピアノの先生のところにかよった。グレイの地色の袋には、臙脂（エンジ）色の音符のアップリケがほどこされていた。先生の家のレッスン室は、庭に面した側が全面ガラス張りで、観葉植物がたくさん置かれ、ハイカラな雰囲気だったことを覚えている。

約9年にわたって、眞理子さんはピアノを習いつづける。父の転勤にともない朝鮮半島に行ったときには、ピアノを入れる専用の大きな木箱がつくられ、その箱に入れられてピアノは海を渡った。箱を運びだして、新居に運び入れるときは、その重さがいつも運送屋さん泣かせ。それでも父は、転勤のたびごとに、おなじこの木箱を使って、ピアノを運ばせた。新居に落ち着くと、まずはピアノの先生を探す。そしてその先生に紹介された調律師さんにきてもらい、そのうえで、やっとピアノの練習が再開される。

父は熱心なあまり、ピアノに関しては、スパルタ式の教育方針をつらぬいた。日曜日には、ピアノのそばにつきっきりで練習を見ている。ちょっと弾きまちがえると、眞理子さんの小さな手を、上から拳固で思いきりたたく。ピアノはガーンとものすごい音をたてる。手の痛さに堪えながら練習した。朝鮮半島は大陸性気候だから、冬の寒さはきびしい。暖房も行き届いてはいなかった時代だ。弾いていると、キーの冷たさで指先が凍ったようになる。練習はいつも泣きべそをかきながら、だった。

ピアノに関しては厳しかったが、音楽を愛する父は、軍国主義者ではなかった。日本が戦争への道を突き進んでゆくこの時代、同級生には、昭和にちなんだ昭子、和子、男の子なら忠義、孝行といった名前が多いなか、眞理子という西洋ふうの名をつけるリベラルな人間だった。戦争にも反対だったようで、1943（昭和18）年ごろから、内輪の席では、この戦争は負ける、とよく言っていた。

そう言いだしたのは、文科系学生・生徒の徴兵猶予制度が廃止され、慶應大学の後輩たちが、ペンを銃剣に持ちかえて雨のなかを行進する、その学徒出陣壮行式の模様をニュース映画で見てからではなかったか、と推測している。

1942年、4度目の転勤で東京にもどったときには、初めて有賀先生という男性の先生についた。この先生のもとで、発表会にも出て、さらに、練習を重ねて上達する喜びをも味わえるようになった。

1943年暮れ、かねて練習していたシューベルトの「即興曲第4番90の4変イ長調」を仕上げ、意気揚々と先生の家に行くと、先生から、「赤紙（召集令状）がきた。もうレッスンはできない」と告げられた。戦争が身近なものとして感じられた、これが最初の経験となる。

1944年2月、父がまたもソウルへの転勤を命ぜられた。

高等科を持つ小学校のひとつに、母が入学の申請に行ったところ、「来年また女学校を受験するんでしょう？　だったら、高等科に行くより、小学校でもう一度、6年生をやってはどうですか」とすすめられ、京城の三坂国民学校6年3組に編入され、翌1945年に卒業するまでの1年間を過ごすことになる。

このときも、ピアノはいつもの大きな木箱に入れられ、3度、海を渡ったが、すでに戦況が悪化していて、ピアノなど弾いていると非国民と言われかねないご時世、先生にはつかなかった。

1944年8月4日、2度目の小学6年生生活を送っていた日のことを、こう記している。


もはや夏休みはなく、たぶんこの日は、講堂の板の間にじかにすわって、勤労奉仕の〝兵隊さんの水筒の紐〟を縫う作業をしていたはずだ。ごついカーキ色の真田紐《さなだひも》のようなテープを重ねて、そこを返し縫いで留め、水筒のはいる形にするのだが、テープが厚くて、針がなかなか通らず、ひたすら指が痛かったことしか記憶にない。小学生がこういうかたちで戦争に協力することを強いられるほど、戦況は逼迫《ひっぱく》していたということになるが、それでも、その後さらに一年、日本は持ちこたえたわけであり、そのかん大多数の国民は、これを〝聖戦〟と信じて、程度の差はあれ、これに加担し、戦争遂行に邁進してきたのである。（深町眞理子『翻訳者の仕事部屋』飛鳥新社、1999→ちくま文庫、2001）

この1944年8月4日は、40年後に翻訳することになる『アンネの日記』の著者、アンネ・フランクを含む8人のユダヤ人が、それまで2年余りを過ごしていたアムステルダムの

〈隠れ家〉から、ゲシュタポによって連行された日にあたる。そのおなじ日、眞理子さんは、ソウルの大日本帝国の国民学校で、勤労奉仕をしていた。

敗戦で引き揚げ、都立忍岡高校での日々

京城府立第一高等女学校に進学して、わずか4カ月で敗戦。8月15日には、全員登校して、雑音まじりでよく聞こえないラジオで、玉音放送を聞きました。その日かぎりで学校はおしまい。その後に何度か足を運んで、私物を持ち帰ったり、内地の女学校に提出する書類をもらってきたりはしましたけど。

あとはもう、それぞれの家庭で、いろんなつてを頼ったり、もはやなんの権限もない役所に日参したりして、引き揚げの段どりをつけたようですが、そのへんのことはなにもわかりません。

わが家では、たまたま父が敗戦のわずか2カ月前に召集され、入隊していましたので（入隊後は半島の南のほうへ送られて、塹壕《ざんごう》掘りばかりさせられていたそうですが）、いちおう復員軍人という扱いで、引き揚げ列車に乗れたみたいです。もっとも父は、敗戦と知って、ソウルに残してきた妻子の身を案ずるあまり、仲間の兵隊さん2、3人と示しあわせて、兵営から脱走してきてるんですよ。文弱な父がよくぞ決心したと思いますけど、それからソウルの家に帰り着くまでの冒険談は、この話にはかかわりがないので省きます。

とにかく、脱走兵なのに、復員軍人の資格が得られたというのも、考えてみると、不思議ですね。軍隊も役所も混乱してたとしか思えません。

引き揚げには、自分で持てるだけの荷物しか持てないので、家財道具を処分したり、大きなリュックを母の帯の芯地を利用してこしらえたりして、京城駅から引き揚げ列車に乗ったのが、10月なかばくらい。当時でも一昼夜の道程だったところを半月がかりで、やっと博多に着いたんですけど（それも客船ではなく、敷いてある筵《むしろ》をめくると、石炭が積んであるという石炭運搬船で海峡を渡って）、そこまでの話も省きます。

空襲で一面の焼け野原になった東京にたどりついたのが、11月の上旬。神田岩本町で既製服の問屋を営んでいた伯父の家（母の姉の嫁ぎ先）が、戦前には珍しく鉄筋コンクリート造り4階建ての店舗兼住宅で、これがさいわい焼け残っていましたので、ひとまずこの家の空き部屋に間借りさせてもらうことになりました。

そこで暮らしはじめて、生活がいちおう落ち着いたところで、やっと私と弟の学校探しです。弟は小学校ですし、すぐ目の前に千桜《ちざくら》小学校というのがあって、なにも困りませんでしたけど、私はどこかの女学校に頼みこんで、転入させてもらわなければならない。という次第で、岩本町からいちばん近い、浅草橋の都立忍岡《しのぶがおか》高女に母が出向いて、京城府立第一高女からもらってきた書類を提出し、転入を願いでたところ、さいわい受け入れられたわけです。

じつはその書類、厳重に封がしてあったんですが、母が湯気で糊《のり》を剝がし、なかを見せてくれました。全科目「秀」。府立第一高女の親心だったんでしょうね。それとも、京城の府立第一ですから、朝鮮半島では最高の女学校という格付けになっていたわけで、学校としての矜持《きょうじ》もあったのかもしれません。

都立忍岡高女は、もとは東京市立第一実科高等女学校で、女子校です。それが学制改革で新制高校になり、高2のときに、1年下に少数の男子がはいってきて、さらにその下の学年からは、男女が同数の共学校になりました。

部活はずっと音楽部でした。当時は、楽譜のおたまじゃくしが読める子って、数えるほどしかいませんでしたが、私は子どものころからピアノを習っていて（というか、父の方針で〝習わされて〟いて）、楽譜は読めましたし、歌を初見《しょけん》で歌うこともできる。声はメゾソプラノないしアルトですが、むろん、コーラスなどで音程を狂わすこともありません。のちに新しい校歌に変わりましたけど、その当時の忍岡の校歌は、珍しく2部合唱で歌うようにできていて、私はむろんアルト。

卒業後63年たったいまでも、同期会では最後に必ず校歌を歌って打ち上げとしますけど、そのとき、アルトのパートを歌うのは、私ひとり（つまり、ほかのみんなは、アルトのパートを忘れちゃってる）。私の場合、年とともに高い声が出なくなった、というのもありますけど。

就職難の時代、ビジネススクールで英文タイプを習うが……

父の勤務する保険会社の支店は、もとより朝鮮半島だけでなく、満州（中国東北部）にも、おなじく日本の統治下にあった台湾にも、樺太にもありました。敗戦とともに、そうした支店はすべて閉鎖され、社員がどっと日本に帰ってくる。父はもともと東京本社勤務でしたから、当然、東京にもどってきたわけですけど、そういうひとは多くの年代にわたって大勢いるし、ほかにも、出征していて、無事に復員してきたひともいる。要するに、ポストの奪い合いです。父の地位に見合うだけのポストがなくて、だいぶ苦労したようですね。家庭では、会社のことはほとんど話さないひとでしたけど。

こういう事情は、べつだん父の会社に限ったことではなく、それまでの社会体制が敗戦で一挙に瓦解してしまったわけですから、職にあぶれているひとなんか、いくらでもいました。新卒だって、当然、就職難です。

私は算盤《そろばん》ができなかったので（はじめて授業で算盤の基礎を教わった小学3年か4年のとき、たまたま風邪をひいたかして、学校を休んでいたという、きわめてお粗末な理由からですけど）、かわりに英文タイプを習おうと、高校3年の夏、千駄ヶ谷にある津田英語会のビジネススクールに3カ月間かよい、それだけではまだちょっと足りない気がして、さらに3カ月、延長して履修しました。

このビジネススクールには秘書科もあって、グレッグ式の速記を教えていました。上司の口述する英語を速記で書きとり、それをタイプで平文に打ちなおす、これが秘書の役目のひとつなんですけど、私はそもそも上司に密着する秘書という仕事が性に合わないし、英語の聴きとりもほとんどできませんから、最初から秘書科は眼中にありませんでした。

大学進学も考えたことはありません。なにより、旧制女学校1年だった45年8月以降、半年以上も学校に行っていない時期がありますから、英語も数学も基礎がまったくできていない。したがって成績は悪いわ、勉強が嫌いにもなるわで、進学なんて頭の片隅にもありませんでした。

敗戦で、貨幣価値がまるで変わってしまったうえに、すごいインフレで、ひとまず会社でそこの地位に復帰できた父も、お金にゆとりはありません。当時は定年が55歳でしたから、「恭一（4歳下の弟）にうかうか浪人でもされると、卒業するまでに、こっちは定年になっちまう（つまり学資が出せなくなる）」と、しょっちゅう心配してたものです。弟だけは大学にやらないわけにはいきませんしね。当人にはひどいプレッシャーだったはずですが、さいわい現役で早慶両校の理工学部に合格しました。

私の学年は、前にも言ったように、女子だけで、45人くらいのクラスが5組、大学に進学したのは、1クラスにせいぜい3、4人です。そういう時代だったんですよ。

そのころは、女の子の就職先というと、銀行などの金融関係をだれもが争って志望しました。定時で帰れるし、それなりのステータスもありますから。ただ、私は性格的にそういうところは向かないし、算盤もできない。学校の推薦なんか、夢のまた夢。だいいち、推薦されて銀行とかに行くひとは、みんな美人なわけです。ああ、世間とはそういうものかとさとりましたし、銀行はおろか、父のいる保険業界すら、志望する気はすこしもありませんでした。

そんなわけで、就職活動をまったくせずにいたら、父が新聞で、どこかの大会社が書類の和文英訳をするOL（という呼びかたが一般化したのも、はるか後年のことですけどね）を募集している広告を見つけて、

「こういうところがあるが、どうか」

と教えてくれました。娘の身の振りかたが決まらず、父も困ってたんでしょう。そんな大会社、としりごみしたくなりましたけど、やむなく受けに行きました。

行ってみたら、みんな女子大を出た英語のできるひとばかり。そのなかで、私は高卒、しかも学校でとくに英語が得意だったわけでもなし、基礎も欠けていました。

戦争中は（といっても、たった4カ月ですけど）、1週間に1時間ぐらいしか英語の授業はありませんでした。なにせ敵性語ですから、教科書もなにもなく、ただ先生が黒板に This is a pen. と書き、読みあげるのを、生徒一同、「ジス・イズ・ア・ペン」と復唱するだけ。

そのうえ敗戦で、45年11月に東京に引き揚げてきたあと、翌年2月末から忍岡高女に通学しはじめるまでの半年余り、英語はおろか、ほかの学科の勉強もまるきりしていません。転入してから高校卒業までの5年とすこし、それが私の、語学として英語を学んだすべてです。読んで、辞書をひけば、意味はなんとかわかっても、基礎的な文法が身についていないので、品詞だとかなんだとか言われても、まるきりわけがわからない。

国語もそれまではずっと得意だったんですけど、高2のときの国文の先生のひとり（国文の先

生は3人いて、それぞれ現代文学、古典文学、文法・作文などと分けて受け持っていたほか、漢文の先生もいました）と反りが合わなくて、その先生の授業も嫌いになってしまいました。

それでも、国文のべつの先生は、旧制の暁星《ぎょうせい》中学のご出身で、フランス語が得意。国文の授業に、上田敏によるヴェルレーヌの「落葉」を例にひいて、これがいかに原詩の韻や息遣いをみごとに生かして訳してあるかを教えてくれるなど、いま思えば、じつに興味ぶかい、本質を衝いた授業でしたね。

日ごろ私は口癖のように、「翻訳は、原著者がなにを語っているかを過不足なく読者に伝えるだけでは不十分、それを著者がいかに語っているかまでも伝えられて、はじめて翻訳の名にあたいする」と言ってますけど、上田敏の「落葉」の訳詩は、まさにそうした翻訳の王道を行くものだと思います。

叔母の紹介で洋書販売タトル商会に就職して

そんな状態ですから、父が新聞広告で見つけて教えてくれた大会社（八幡製鉄（のちに富士製鉄と合併して、新日本製鉄となる前の）だったと記憶しています）の試験は、いちおう受けはしたものの、むろんダメでした。さすがに私も少々めげましたけど、そうこうするうち、叔母（母のすぐ下の妹）が、ＹＷＣＡのときの友だちがタトル商会という本屋にいるから、と紹介してくれたんです。

叔母は、当時でいえば〝進んでいる〟職業婦人でした。母は次女、叔母は三女ですが、姉たちとはちがって、自立した女性をめざしてたんでしょうね。それで、職業訓練校であるＹＷＣＡの秘書科にはいったんです。出身は、東京府立第六高女、のちの都立三田《みた》高校ですけど、あるいはそのころから英語が得意だったのかもしれません。

はるか後年の１９７９（昭和54）年に、府立第六高女の同窓会が企画したヨーロッパ旅行に母と私も加えてもらいましたが、同行のひとたち（むろんみなさん年配の女性です）が、なにかといえば飯島（旧姓）さん、飯島さんと、英語のできる叔母を頼りにしていました。

叔母は、当時としてはかなり遅く、20代なかばを過ぎてから、証券会社勤務だった叔父と知りあい、結婚しましたが、私の母なんか、証券会社員の義弟を「株屋」なんて言ってました。当時は、そういう差別的な言いかたをして、なんとも思わない風潮があったし、証券会社そのものが、どこか胡散《うさん》くさい存在と見られていたみたいです。叔父のほうが年下だったこともあって、長兄の伯父からは結婚を反対されたみたいなことも聞きました。

それが、結婚して3年たらず、１９４２（昭和17）年だったかに召集されて、叔父はビルマ（現・ミャンマー）で戦死してしまいました。以来、叔母は洋裁（これもいつのまにやら習得してたようです）で身を立てながら、叔父の忘れ形見のひとり息子（私の従弟）を育ててきました。いまもそのままだと思いますけど、この従弟の家には、表札と並んで、国から贈られたものらしい、「戦没遺族の家」という札が掲げてありましたね。

叔母は、２０１２年に数え年１００歳で亡くなりました。この叔母がいなければ、私はタトル商会に入社することもなかったし、タトル商会で実地の英語を身につける機会もなく、ひいては、いまの翻訳者の道に進むこともありえなかったでしょう。思えば、この叔母こそは私の生涯の恩人です。

チャールズ・イー・タトル商会（以下、タトルと略す）に勤務するアメリカ人は、全員、日本語が達者でした。戦争中、情報将校として、日本語をたたきこまれたひとたちです。おなじころ日本では、英語を敵性語として、学校で教えることさえ忌避していたのは前述したとおりですが、逆に向こうでは、日本語を自在に話せて、読み書きもできる軍人を多数養成し、情報収集にあたらせていたわけです。彼我の相違をつくづくと感じさせられる挿話ですよね。

会社のアメリカ人で、日本語ができない唯一の存在、それがチャールズ・イー・タトル社長本人でした。社長の先祖は、1500年代からイギリスで本屋を営んでいました。社用の便箋のレターヘッドには、「1532年（だったかな？）創業」と麗々《れいれい》しく謳ってありましたけど。それが、合衆国建国前にアメリカに渡ってきて、ヴァーモント州ラトランド市に本屋をひらいたわけです。つまり、元来、がちがちの清教徒だったという家系で、社長もそういう意味でかなり保守的（共和党支持だとはっきり言ってました）、頑固なところがありましたね。

私が入社したころは、洋書輸入業者として、おもにアメリカから輸入した本を売るのが本業でしたが、かたわら、日本で買った古本（といっても、古書としてれっきとした価値のあるものばかりです）をラトランドの本社に送ったり、日本で出た英文の、日本に関する書物を輸出したりもしていました。本社ではそれを、おもにカタログによる通信販売で全国の顧客に売りさばいたり、あるいは大学や図書館、研究所などに納入したりするわけです。

もうひとつ、タトルでは、戦前・戦中に日本で出た翻訳書を片っ端から買い集め、本社に送るという業務もしていました。あれはなんのためだったのでしょうね(戦前・戦中の日本が、著作権を侵害していないかどうかを調べていた?)。

いまでは知るすべもありませんが、とにかくそうして買い集めた本が、事務所に山積みになっている。学術書のたぐいから、一般的な小説まで、種々さまざまです。

そこからおもしろそうな本を借りて、お昼休みなどに読んでいました。借りると言っても、持ち帰るわけにはいきませんから、もっぱらお昼休みに読むだけですが、それでも、ジャック・ロンドンの『野性の呼び声』と『白い牙』の2冊は、どちらも2、3日で読みおえてしまいました。のちに光文社古典新訳文庫でこの2作を出させていただいたのも、このとき感動した思い出があるからです。

洋書屋ですから、社にはむろん英語の本なら腐るほどありました。3階の事務所から地下の倉庫まで足を運べば、それこそ選《よ》りどり見どり、宝の山にはいったのも同然ですが、それがたとえ古典名作でも、苦労して英語で読もうなんて、これっぽっちも思いませんでしたね。私にとって、本はあくまで楽しみのために読むもの、勉強するための教材ではありませんから。

事務所に山積みになっていたのは、前述のように、戦前から戦中にかけて日本で出た翻訳書ですが、敗戦後は、新たに海外の出版物の翻訳権を取得して、日本で翻訳書を出すためには、ドルを持っているという裏づけ、つまり、原著者や向こうの版元に、ちゃんとドルで著作権料が支払えるという保証ですね、それが必要になりました。そんな関係で、当時、翻訳権取得の斡旋《あっせん》は、外資のフォスター事務所というところが一手にひきうけていたのですが、独占企業であるのをよいことに、フォスター氏はとんでもなく高額の著作権料を要求していたとか。

そんな弊害を断ち切りたいという気持ちがあったのかどうか、やがてタトルの社長が洋書の輸入・販売、英文の本の出版などのほかに、著作権の分野にも進出することを決意したわけです。著作権部を新設するとき、社長が業界新聞に語った、「シャツを買うように、手軽に著作権を取得できるようにしたい」という抱負は、いまでも忘れられません。

著作権部の部屋から借りだして読んだ本の数々

著作権部ができてからは、つぎつぎに多くの出版社に翻訳権を（適正な金額で？）斡旋して、人気のあるベストセラーの小説などだけでなく、書物として価値のある本もたくさん出るようになりました。各版元は、出した本をタトルにも資料として何部か送ってきます。著作権部の部屋へ行くと、そうした本が棚にずらりと並んでいますので、お昼休みにちょくちょく著作権部へ行っては、それらを借りだして、読んでいました。

そのなかには、のちに私が訳すことになる『アンネの日記』（当時の題は『光ほのかに』、皆藤幸蔵訳）もありましたし、映画になった『地上より永遠に』や、『野生のエルザ』、『非情の海』（映画題は『怒りの海』）、『ケイン号の叛乱』などもありました。おなじころのベストセラーに、ハン・スーインの『慕情』もありましたけど、これは当時は翻訳されず、ずっとあとの1970年になって、私に翻訳の話があり、角川文庫で出してもらいました。

洋書は読まなかったと言いましたけど、そのころ会社の倉庫からガメてきた本が1冊だけあります。米軍で戦死者を弔うときの、お葬式の式次第を示した本で、陸軍用・海軍用・空軍用・海兵隊用と、それぞれ分けて書かれています。従軍牧師はこれを参考にして、式で歌われるべき讃美歌を、ここでは何番、ここでは何番と指定したり、聖書からその死者にふさわしい一節を選んで、読みあげたりするわけです。本にはそれらの讃美歌やアメリカ国歌、よく知られているフォークソングなどが楽譜つきで載っていますので、これを見れば、そうした歌が英語で歌える。ガメてきてしまったのは、たぶんその点に惹かれたからじゃないかと思います。

なにせ高校時代から、親しい友人数人と、それぞれ「進駐軍放送」で流れるアメリカのポップスに耳をすませ、歌詞を聴きとっては、おたがい同士つきあわせて歌集をつくる、なんてことをしてましたから。村上春樹の作品の題にもなった「中国行きのスロウ・ボート」とか、「恋人と呼ばせて」「夕日に赤い帆」「ボタンとリボン」「牧場の樹」「今しその時」「嘘は罪」「モナ・リザ」「国境の南」など、みんなそうして覚えたものです。要するに、英語の本は読まなくても、英語の歌を覚えて、歌うのは好きだったんですね。

のちにスティーヴン・キングの『ザ・スタンド』（文藝春秋、2000→文春文庫、2004）を訳したとき、歌手である主要人物のひとりが、ある場面でひとり丘の上に立ち、朗々と国歌を歌うというところで、たんに歌詞を訳すのではなく、この本の楽譜を見ながら自分も歌ってみて、曲調や息継ぎの箇所までも合わせた訳詩をと、工夫を重ねたのを覚えています。あいにく、いくら工夫を凝らしても、歌詞の意味すべてを、あるだけの音符にあてはめるのは無理だとわかり、断念しましたけど。それにしても、ガメてきた本が、とんだところで役に立ったものです。ええ、この本は、いまでもちゃんと持っていますよ。

あれは1950年でしたか51年でしたか、まだ占領下のときですが、たまたまチケットをもらって、神宮プールであった水泳の競技会をひとりで見にいったことがあります。自由形800mだか1500mだかで、当時の世界記録を出した古橋広之進さんなんかが出場していました。占領下ですから、たしか開会式でアメリカ国歌が流れて、星条旗と日の丸とが同時に掲揚されたような気がします。会場では、普通は手にはいらなかったバヤリースオレンジとかコカ・コーラなども売っていて、私も家へのお土産に、バヤリースを2本ばかり買って帰ったことを覚えています。

仕事を通じて身につけた英語読解力

私が入社したころ、タトルの社員は10人ほど、社長と支配人とがアメリカ人で、あとは日本人でした。数年後に出版部や百科事典部ができてからは、さらに大勢のアメリカ人が入社しましたけど。

私を含む事務関係は3階の事務所に、地下に借りている倉庫のほうにも男性ばかり3人ほどいて、そのひとたちが船便で送られてくる商品の本を管理し、それぞれ段ボールのカートンに詰めたうえで、日本橋高島屋や、神保町にある直営店のほか、各地のPX（米軍隊内の売店のこと）にひらいている店に送りだしていました。倉庫のひとは車の運転ができ（当時は運転ができるひとって、ごく少数だったんです）、本を詰めたカートンを各ショップに届けるのも、おもにそのひとたちがこなしていました。

はじめ、事務所は水道橋の旧講道館ビルにありました。その後にこの建物は後楽園ジムに変わりましたけど、講道館が戦時中（?）から日本出版協会に貸していた3階の一室を、タトルが又借りしたわけです。事務所とはべつに、地下に借りている倉庫の隣には、ミネルヴァ書房の東京事務所もありましたね。

あのあたりは、もとは水戸徳川家の藩邸と、その庭園である「後楽園」だったところですからね。白山通りに面した講道館ビルの横手の入り口のすぐ脇に、「藤田東湖先生遭難の地」という屋根つきの碑も立っていました。安政の大地震のとき、水戸藩邸にいた先生が、柱か天井の下敷きになって亡くなったと聞いています。のちにNHK大河ドラマ『徳川慶喜』（1998年）でも、地震で藩邸の建物がくずれる場面は見ました。むろん藤田東湖先生も出ていて、演じた俳優の名も覚えていますが、まあこの話はいいでしょう。

そのころ私が住んでいたのは神田岩本町で、国電（現・JR）の秋葉原から水道橋まで、わずか2駅です。夏なんか、神田川ぞいに歩いて通勤していました。というより、歩いてかよったときのほうが、数にすれば多かったんじゃないかな。若かったですねえ。

　事務所のお掃除とお茶汲みとは、べつに決まっているわけじゃないんですが、私を含む入社年次の若い女性が受け持っていました。それで不服を唱える、なんて時代じゃなかったし、お掃除については、2年めから超過勤務手当ても出るようになりました。夕方になって、使ったお茶碗を洗いに1階の流しへ行くと、のちに1964年東京オリンピックに出た神永昭夫さんとか、醍醐6段とか、強い柔道家がいらして、流しの水で体を拭っていたのを覚えています。

　お茶汲みは、まあ女子の仕事だったにしても、もともとアメリカ人の経営する会社ですから、いま思えば、日本の会社ほどの男女間格差はありませんでしたね。

　人数もすくないし、そのなかでの上下関係というのもないに等しく、各自がそれぞれ別個の仕事を受け持って、その分野ではその当人が社内の第一人者である、というシステムでしたから、仕事のうえでいやな思いをしたことはまったくありませんし、上司から叱られる、なんてこともありえませんでした。

　おもしろいのは、年末年始になると、「うちはアメリカの会社だから」と称して、休まない。ところがクリスマスのときは、「ここは日本だから」と言って（笑）、やはり休まない。むろん当時のことですから、週休2日制ではなく、せいぜい土曜が半ドンになるだけ。要するに、なるべく社員を休ませたくない会社だった、と。そのくせ社長や支配人たちは、クリスマスにも、夏にも、ばっちり休暇をとるんですけどね。

　日本語ができるアメリカ人のひとりで、出版部長を務めていたひとは、三島由紀夫の『潮騒』

を英訳して、「タトル出版株式会社」から出していました。その英訳タイトルが、"The Sound of Waves"。ちょっとニュアンスがちがうなあって、日本人社員はみんな言ってましたね。

社内では、商品の本のタイトルや著者名はもちろん、流通する書類もみな英語ですから、それらが的確に読めることが、すべての前提になります。とにかく読んで、読みこんで、想像力を働かせつつ文脈をつかむ。それをつづけるうちに、おのずと英語の読解力が身についていきました。

書類の内容について、社内の先輩や同僚に教えを乞うようなことは、私にかぎらず、だれもしません。前述したように、その仕事の分野では、当人が社内の第一人者なのですから、仕事上の書類について同僚に相談したりすれば、社内での信頼が失われるだけでしょう? 万一、その読みがまちがっていたときは、当人が責任をとるだけの話です。一度だけ、下訳のアルバイトをするようになってから、これは会社の仕事ではないから、という理屈で、支配人のアメリカ人を退社まぎわにつかまえて、ある1語の解釈を教えてもらったことならありますけど。

タトルに勤めて4年くらいたったころ、同僚の信木三郎さんというひとから、小説の下訳をしてみないかと持ちかけられました。秋元書房といって、いまでいうヤングアダルトとかラノベの類を出している出版社からの話だといいます。

「映画の友」の編集者に山本恭子さんというかたがいらして、この山本さんの下訳をする仕事でした。山本さんは雑誌編集という本業のかたわら、秋元書房の本の翻訳も手がけていて、信木さんから私を紹介されたようです。もっぱら洋画を扱っていた月刊誌「映画の友」は、私もときどき買って、読んでいましたけど、編集長が淀川長治さん、山本さんの先輩編集者には、〝小森のおばちゃま〟こと小森和子さんもいましたね。

秋元書房のヤングアダルトものの下訳を4、5冊手がけたあと、山本さんの下訳として最後に訳したのが、1959年に三笠書房から出た『わたしのお医者さま』でした。ダーク・ボガードとブリジット・バルドーが主演した同名の映画の原作ですが、映画の公開が迫っているとかで、いつにも増して急がされ、終わったときにはへとへとでした。

宮田昇さんとの出会いとタトルの労働組合

1954（昭和29）年、会社は大曲に自社ビルを建て、講道館ビルを引き払いましたが、これをしおに、著作権部を強化しようと、それまで担当していた日系2世の社員のほかに、担当者をひとりふやすことになりました。

当時は早川書房の編集者で、日本の出版事情に詳しく、タトルの著作権部にもよく出入りして、どの出版社にどういう本を売りこむか、といった助言もしてくれていた宮田昇さんに、だれか適当なひとはいないか、と相談したところ、「ぼくではどうです?」と言われたという伝説があります。

それはともかくとして、宮田さんが加わってから、著作権部の活動はいよいよめざましくなり、日本の出版社に斡旋する本の数も、ジャンルも、飛躍的に拡大してゆきました。

私はその後もあいかわらず、その著作権部の本（とくに早川のポケミス）を借りだしては読むことをつづけていました。それであるとき宮田さんが、「ミステリーが好きなようだが、たまたまポケミスの下訳者を探しているひとがいる。やってみないか」と声をかけてくれたんです。「弁護士ペリー・メイスン」シリーズの1冊で、題は『孤独な女相続人』（ハヤカワ・ポケット・ミステリ、1957）。

そのころには、間借りしていた岩本町から、練馬に建てた家に引っ越して、いちおう自分の部屋もありましたが、隣室には弟がいるし、会社から帰って、夕食後のかたづけや入浴をすませてからとりかかる仕事なので、体力的にもけっこうたいへんでした。下訳を使うというのは、すなわち翻訳を急いでいるということですから、時間もあまりない。宮田さんに訳稿を渡し、やがてできあがった本は、じかに訳者の高橋豊さんからいただきました。

事件が解決したあと、メイスンの手足となって働く私立探偵のポール・ドレイクが、依頼人に多額の請求書を送りつけてやる、「なにしろあの娘は、女相続人だからな」と言ったのにたいし、メイスンが、「そう――。もう本物の相続人だよ、彼女は」と答えます。

私はむろん原文どおりに、〝――と、メイスンは言った〟と訳したのですが、できあがった本を見ると、台詞のあとで改行して、〝メイスンが憮然として言った〟となっている。ああ！　と思いましたね。原文にない〝憮然として〟の1語を補うことで、そのシーンでのメイスンの感情はもとより、顔つきまでがまざまざと想像できる。この程度なら、言葉を補ってもいいのか、と目をひらかされる思いがしたものです。

事ほど左様に、本業の片手間にやる下訳なんて、体力的、時間的にきついだけの仕事ですけど、私の場合は、それなりに得るところもあったということですね。

その後、タトルにも労働組合ができて、上部団体である出版労協（日本出版労働組合協議会）にも加盟しました。

組合ができるきっかけになったのは、1958（昭和33）年に三浦半島を襲った狩野川《かのがわ》台風の余波で、社屋の前を流れる神田川が氾濫し、流れこんだ水で、商品の本が水びたしになったという事件です。社員が総動員されて、濡れた本をなんとか乾かすのに、たいへんな苦労を強いられたんですが、その作業にたずさわるうちに、年長のひとたちのあいだから労働条件についての話が出て、それで組合をつくり、みんなで交渉しようという方向に向かったようです。

社長は当然、組合の動きが気に入らず、とくに60年になって、安保反対闘争が激しくなると、これを反米運動と決めつけて、事あるごとに、「おまえたちが騒ぐなら、おれは会社を閉じて、アメリカに帰っちゃうぞ」と、恫喝《どうかつ》するようになりました。会社がなくなれば、社員は即失業ですから、妻子をかかえたひとたちなんか、それで動揺して、矛先が鈍りますよね。そういうことがあったりして、職場の雰囲気がだんだん暗くなってきたわけです。

それともうひとつ、会社が組合に対抗して、職階制を導入すると言いだしたこと。前に話したように、社の体制は縦割りではなく、社員が各自工夫し、努力して、持ち場、持ち場で社業を盛りあげる。そんなやりかたでずっとやってきたところへ、いきなり職階制。優秀なひとほど部長なり課長なりに抜擢されて、組合をはずれることになりますよね。会社側の狙いは目に見えてる。それやこれやで、私も10年勤めた会社に嫌気がさしはじめたんです。

それでもさらに1年は我慢して、そのかんに満30歳になったこともあり、もう辞めようと決心したのが1962年。でも、辞めて、じゃあなにをするか。なにもないんです。そのころは、中途採用とか、再就職のルートとかが確立されてたわけじゃないので、辞めれば、それっきりです。「辞めてどうするんだ。食っていけるのか?」と、父にも言われました。まったくそのとおり、抗弁のしようもありません。

「翻訳をやりたい」とは言えないが、早川書房で「試験」を受ける

そんなときに、「ペリー・メイスン」の下訳をしたことを思いだしたんです。それで、宮田さんに相談しました。宮田さんはもともと編集者で、書けるひとですから、組合では書記長兼機関紙編集長、私はヒラの執行委員として書記局に属し、原稿のレイアウトとか、ガリ版切りとか、機関紙発行の実務を担当していました。ですから、宮田さんはまあ上司みたいなもので、執行部のなかでは、いちばん親しくしていたんです。

近ごろの会社にはほとほと愛想が尽きたので、辞めようと思うのだが、ほかに取り柄もないので、翻訳でもやりたい。ついては早川書房に紹介してくれませんか、と言ったところ、宮田さんからお目玉を食らいました。翻訳しかできないから、翻訳でもやろうか、なんて〝でもしか〟じ

ゃダメだ、と。当然ですよね。

ただ、ここで遅まきながら弁解させていただくと、「ほかに取り柄がないから、翻訳でも」と言ったのは、正直な話、謙遜と〝照れ〟のまじった一種の韜晦《とうかい》表現なんです。照れくさくて、「翻訳をやりたい」とは言えなかった。

謙遜はともかくとして、〝照れ〟のほうは、半世紀以上を経た現在でも、まだ拭いきれません。初対面のひとに職業の話をするようなとき、「翻訳家」とも「翻訳者」とも言わないのはむろんのこと、「翻訳をやっている」とも言いません。気恥ずかしいので、必ず「英米の小説の翻訳なんかやってます」というふうに言いますから。

それでも宮田さんは、早川書房に連れてってはくれて、初代「SFマガジン」編集長、福島正実さんに紹介してくれました。福島さんの妹さんが宮田さんの奥さんで、年は宮田さんのほうが上ですが、福島さんは宮田さんの義兄にあたります。

その福島さんから、試験問題を出されました。これを訳してきなさいと、ある連作短篇集のなかの1篇を指定されたんです。

このことは『翻訳者の仕事部屋』にも書いたことですが、私は自信満々でした。タトルで仕事を通じて身につけた読解力にも、それを正しく美しい日本語で書きあらわす表現力にも（表現力のほうは、幼いころからの読書を通じて養われたと思っています）。ですから、「試験なんだから、念には念を入れたほうがいいわよ」という母の助言も、はなから聞き流していました。

単語もぜんぶ知っている語ばかりなので、辞書もろくにひかずに。それで、飛行機が空港に着いて、主人公の私立探偵が his bulk を lift したというところで、「彼は荷物を持ちあげて」と訳してしまった。ここは当然、「巨体を起こして」とすべきところです。それをとりちがえた。というのも、タトルでは輸出の仕事をしていて、輸出の現場では、bulk は船便の〝梱《はこ》〟なんです。そういう既成の知識をあてはめた安易さ、無意識の驕《おご》り、それがこの誤訳につながったというわけです。

訳稿を提出し、2、3日後にあらためて早川書房に出向くと、福島さんから言われました。「全体としてよくできてはいるが、いくつかおかしな表現があり、1カ所、致命的な誤訳がある」と。その〝誤訳〟というのが、いま話した bulk の解釈にかかわるものなんですが、このたった1語のまちがいに、じつは多くの教訓が含まれている。

まず第一に、辞書をひかないでもわかる言葉が、ほんのわずかひとさまより多いのを鼻にかけて、辞書をひこうとしなかった慢心、そして怠惰さ。

第二に、bulk を「巨体」の意味に使うのは、やや文語的な、ちょっと気どった用法ですが（このことも、辞書をひけばわかります）、それに気づかず、lift とあれば「物を持ちあげる」と即物的に解釈してしまう想像力の欠如。いやしくも文芸作品を訳そうというのに、この想像力の欠如こそは、まさに〝致命的〟です。

もうひとつ、主人公が「巨体」であることも、その短篇集のほかの作品に目を通してみれば、おのずとわかってきます。なのに私は、連作短篇集におさめられたほかの作品を読んでみようともしなかった――ここにも、無意識の驕りと怠惰さとがあらわれていますね。

ちなみに、これを誤訳と伝えてくれたのは福島さんですが、じつは、最初に「誤訳だ」と指摘されたのは、やがて作家・生島治郎となる、当時の「エラリイ・クイーンズ・ミステリ・マガジン」編集長、小泉太郎氏だったそうです。小泉さんは、原文は読まず、ただ訳文を一読しただけで、これが「荷物」では文脈上おかしい、まちがいではないか、と気づかれたわけで、こういう鋭い言語感覚こそ、そのときも、またそれ以後も、私が翻訳者として、なにより大事にしたいと願ってきたものにほかなりません。

最後に、これはいまから茫々《ぼうぼう》50年以上前のことで、当時私はまだ飛行機に乗った経験がありませんでした。もしもこのとき、飛行機の旅についての実際的な知識があれば、bulk というほどかさばった荷物を機内に持ちこむはずもなく、持ちこめるはずもないということがわかったでしょう。おこがましいことながら、まことに翻訳者とは、広範囲にわたる知識を要求されるものなのです。

いっぽうで福島さんは、「まあまちがいはあったけど、すこし勉強すれば、使いものになるでしょう。とくにいいと思うのは、文脈をよくつかんでいて、そのため、文章の流れがじつにスムーズな点です」と言ってくれました。文脈を読むことには自信がありますから、それで気をとりなおして、「勉強させていただきますから、ぜひともよろしく」とお願いしたわけです。

たまたまその席には、翻訳家として著名な宇野利泰先生も同席しておいででした。先生は、私の訳稿中の〝おかしな表現〟について教えてくださったあと、「失敗はだれにでもある。これからぼくが見てあげるから、しばらく修行しなさい」と言ってくださいました。こうして先生の下訳を何作か手がけ、あいまには、雑誌掲載作品を中心に、福島さんの下訳もたびたびひきうけて一年半余り、雑誌（「ミステリ・マガジン」「SFマガジン」の両誌）では、深町眞理子の名で作品を載せてもらえるようになりました。

このとき、ペンネームを使いますか、と訊かれましたけど、「深町眞理子」でじゅうぶんペンネームふうなので、本名のままでいくことにしました。

ときどき、雑誌の都合で、ひとつの号に私の翻訳が2篇同時に載ることがありましたが、そのときだけ、片方は別名義でと言われ、出生地にちなんだ「宮代一代」とか、そのころ応援していた横綱柏戸の名を借りて、「樫村剛」などと名乗ったものです。

宇野利泰さんの下訳から一本立ちへ

宇野利泰先生には、はじめはそうして早川書房で紹介されたんですが、次回からは、大田区田園調布のご自宅にうかがうようになりました。

先生は、下訳者の訳稿をそのまま使う、ということはぜったいになさいません。山本恭子さんも、高橋豊さんも、多少は表現を変えることはあっても、大筋は私の翻訳をそのまま使っておいでだったのとちがって、宇野先生は、徹底的にご自分の文体に直されるんです。

訳稿をお渡しすると、それに先生がアカを入れられ、真っ赤になったのを、専門のお清書屋さんにお清書させる。お清書したそのきれいな原稿を出版社には渡し、真っ赤になった私の原稿のほうは、そのまま返してくださる。それを見れば、どこをどう直されたかが一目でわかるわけで、こういう点が、次代の翻訳者を育てようとなさっていた宇野先生の偉大なところです。

こう言うと、自慢たらしく聞こえるかもしれませんが、たまたま早川書房で真っ赤になった原稿を返していただいたとき、ちょうど居合わせた福島さんから、「宇野先生でその程度のアカなら、まだましなほうですよ」と言われました。アカを入れられた箇所をよく見てみると、文法や解釈の誤り、あるいは前述の飛行機の旅のように、知識が欠けていたためにまちがったというのはほとんどなく、直されたのは、宇野先生とは根本的に文体がちがうためだとわかってきました。ですから、自分の名義で出してもらえるようになってからは、終始（いまでも）、自分でこの作品にはこれ、と決めた文体で押し通しています。

翻訳者として一本立ちさせてもらったのは、宇野先生の単行本の下訳を4、5作、福島さんのを1作、手がけてからのことでした。福島さんのは、はじめ福島さんの下訳ということでとりかかったのですが、完成するころに、「もういいでしょう。あなたの名前でお出しなさい」と言っていただいたものです。

タトルにいたころの片手間仕事ではなく、本格的に翻訳者になるための勉強として下訳に取り組んだのは、以上の5、6作だけです。とにかく、先に会社を辞めてしまったので、私としては、まあそれなりに努力はしたつもりでいますけど。

はじめて深町眞理子名義で単行本が出せたのは、1964年でした。アンドリュウ・ガーヴの『兵士の館』と、シャーリイ・ジャクスンの『くじ――異色作家短篇集17』（その後『異色作家短篇集12』として改訂版、1976→『異色作家短篇集6』として新装版、2006、いずれも早川書房→『くじ』ハヤカワ・ミステリ文庫、2016)。

『くじ』は、前述のように、はじめ福島さんがなさることになっていて、同題の表題作も、私の訳したのが福島さんの名で「SFマガジン」に載ったのですが、途中から、単行本はあなたの名で、と言っていただき、たいへんありがたかったですね。ただし、短篇「くじ」だけは、実質はどうあれ、名義はあくまでも福島さん訳ですから、単行本の「訳者あとがき」に、「福島正実氏訳のものを収載させていただいた」と書いたところ、これも不要と言われて、削りました。

自分の名義で訳書が出せるようになってからも、宇野先生のお手伝いで、下訳はずいぶんあとまでつづけていました。ロバート・シェクリイ『無限がいっぱい』は全篇の、ジョン・ル・カレ『鏡の国の戦争』や、レイ・ブラッドベリ『華氏四五一度』などは一部だけの、それぞれ下訳を受け持っています。

『くじ』の出た翌年、1965(昭和40)年2月に、出版記念会をひらいていただきました。お友だちを呼んでもいいですよ、と言われたんですけど、高校時代の仲良し10人のグループは、当時はみんな子育てに忙しく、ひとりだけ、まだ独身だった友人がきてくれました。パーティーには田中小実昌さんも出席してくださったんですが、その友人は、小実昌さんに会えたのをとても喜んで、後々まで語り種《ぐさ》にしていましたね。会場は市ヶ谷の私学会館(現・アルカディア市ヶ谷)だったと思います。

早川書房のひとがそのパーティーを設定してくれたんですけど、立食パーティーだということが会場側に伝わってなくて、行ってみると、楕円形の大きなテーブルをかこんで、一同着席するというかたちになっていました。人数もさほど多くない、こぢんまりした会だったので、それでもべつだん支障はありませんでしたけど。

ついでに言うと、その高校の10人グループのなかで、大学に行ったのは3人だけです。それでも、学年全体の割合から言うと、とびぬけて多かったんですけどね。3人は、それぞれ津田塾と日本女子大、東京女子大。あとは、私も含めて、みんな高卒です。

私自身は、大学に行かなくて損したとも得したとも思っていませんけど、高卒と聞いて、意外そうな顔をなさるかた、高卒で翻訳ができるのか、みたいな顔をなさるかた、逆に、高卒なのに翻訳ができて偉いみたいな言いかたをなさるかた、じつに世はさまざまです（笑）。

翻訳出版社との付き合いと「3人の恩人」

いま私の出版記念会のことにちょっと触れましたけど、1960年代から70年代にかけてのころは、各出版社が頻繁に出版記念パーティーをひらいていて、交際範囲のきわめて狭い私のところにも、しょっちゅう案内状が送られてきたものです。とくにSF関係の作家さんは、関西在住のかたが多いので、そんな会でもなければ、お目にかかる機会もない。人前に出るのが苦手な私でも、そういうときは努めて出席して、顔つなぎをさせていただいていました。

SFは、じつはあまり好きではないんですが（好きじゃないというよりも、むしろ〝良さがわからない〟と言ったほうがいいかも）、「日本ＳＦの父」と言われた福島さんからお声がかかれば、いやでもひきうけざるを得ない。先に叔母のことを〝私の生涯の恩人〟と言いましたが、それを言うなら、宮田さん、福島さんは第二、第三の恩人ですしね。

　こうして、「ＳＦマガジン」や「ミステリ・マガジン」で、毎号のように雑誌に掲載される短篇を訳しながら、単行本の翻訳も並行して進めていました。

　できあがった原稿は、いまみたいに宅配便があるわけじゃないので、むろん自分でそのつど早川さんまで届けにいきます。そのとき私は原稿をきちんとそろえて、千枚通しで孔をあけ、きれいに紐やリボンで綴じたうえで持っていく。翻訳そのものの質にはなんの関係もない、意味もない行為なんですけどね。

　余談ですが、メアリー・マッカーシーの『グループ』（小笠原豊樹訳、ハヤカワ文庫）に、ちょうど私とおなじように、論文なんかをきれいに綴じて提出する女子学生が出てきて、それを、論文の中身の貧しさを補うためか、なんて揶揄《やゆ》されてる場面があります。私はべつに、自分の翻訳の貧しさを補おうなんて意識はなく（どだい、自分の原稿を〝貧しい〟内容だとは思っちゃいませんから）、たんなる習慣です。ですから『グループ』を読んだあとでも、きれいに綴じるのだけはやめられませんでしたね。

　はじめて早川書房以外の出版社さんから仕事の依頼があったのは、前にも言ったハン・スーインの『慕情』（角川文庫、１９７０）です。著作権事務所の日本ユニ・エージェンシーで、角川春樹さんに紹介されたんですが、そのとき春樹さんが言われるには、「いま、『映画音楽全集』などと銘打ったレコードのアルバムがいろいろ出ているが、『慕情』の音楽は、そのなかに必ず入っている。このさい、原作の翻訳を出そうと思うが、これはいわゆる〝10年留保〟を入れると、著作権がフリーになっているので、そのぶん印税を（普通は8％のところ）10％さしあげます。どうですか？」と。夢のようなお話でしたね。

その後、春樹さんからは、映画『エイリアン』のノベライズ作品とか、メアリー・マッカーシー『漂泊の魂』（角川文庫、1971）、これも映画になったサッカレー『バリー・リンドン』（角川文庫、1976）、俳優トマス・トライオンが書き、やはり映画化された『悪を呼ぶ少年』（角川書店、1973）など、作品そのものに非常に魅力のあるものをいろいろ任せていただきましたし、やがて春樹さんが編集の現場を離れられてからも、ルース・レンデルの諸作品その他、たくさん仕事をさせていただいています。

東京創元社の編集者、五所英男さんに紹介されたのも、日本ユニ・エージェンシーの事務所で、1972年でした。ジェーン・ギャスケルの『アトランの女王』全3巻、400字詰め1700枚という、おそろしく長い作品です。当時は〝まじめに倦《う》まずたゆまず〟がモットーでしたから、1日8ページと決めた量（訳稿にすると400字詰め25枚から30枚）を守って、こつこつと訳しつづけました。刊行は1973年から74年にかけてですが、のち92年に復刊されたさい、3巻にそれぞれ『宿命の公女』『流転の王妃』『憂愁の女神』という題をつけました。公女から王妃へ、さらに女神へと、ヒロインのキーヤがだんだん大きな存在になってゆく過程をあらわしたつもりです。

五所さんはその後まもなく会社を辞められ、べつの出版社に移られましたが、それ以後も、私の東京創元社さんとのご縁はとぎれることなく、気持ちよく仕事をつづけさせていただいています。ここではいちいち書名は挙げませんが（というのも、東京創元社さんで出した本は、いまもほとんどが生きていて、書店なりなんなりで普通にお目にとまるはずですから）、そのどれもが私にはそれぞれに愛着の深い、どうかこのままずっと売れつづけてほしい、そう願わずにはいられない作品ばかりです。

そしてその集大成と言うべきが、「シャーロック・ホームズ」シリーズ全9巻の全巻個人訳。このシリーズの翻訳者に選んでいただいたことは、深町眞理子一世一代の名誉と思い、それを深く胸に刻んで、日々を過ごしました。２０１７年に全9巻が完結しました。

インクの濃さにもこだわるきれいな手書きからワープロへ

日本ユニ・エージェンシーは、私がタトル商会を辞めたあとまもなく、おなじく退職された宮田さんが創設された著作権事務所です。いままで話したように、多くの出版社さんとのご縁をつくってくれたのが、宮田さんのこの会社ですから、その点で私は翻訳者として恵まれていたのかもしれません。自分から出版社に売り込みにゆく、というようなことは、一度もせずにすんでいますから。

私の書いた原稿はきれいだということで、いちおう定評があったんですよ（笑）。でもね、きれいな原稿にするために、余計なエネルギーをさんざん費やしてる。たとえばの話、200字詰め原稿用紙の最後の行で書きまちがったりすると、その紙は捨てて、また第1行から書きなおす。書きまちがった箇所を線で消して、その横に書き足すとか、次行に書いて、その行に挿入するとか、そういうことが性格的にできないんです。

また、書いてる途中で電話がかかってきたりすると、それだけ時間があいて、万年筆のインクの色が濃くなる。それがいやなので、そういうときは、新たに書きなおすんじゃなく、べつの紙（書き損じかなにかの）にぐるぐる円を描いて、インクの色を中断以前とおなじ色にしてから、あらためて書きだす。当然、インクの消耗も早まるし、ペン先も早くすり減る、と（笑）。

そのうち自分でも、ばかげたことでエネルギーを空費してるな、とつくづく反省しはじめたところに、ワープロが発売されたので、1984年にいちはやく導入しました。どなたもはじめはキーの配置を覚えるのに苦労なさったようですが、私は英文タイプをやってましたので、届けてもらったその日から、ローマ字入力で実用に使っていました。以来、いまにいたるもずっとローマ字入力。1音に2タッチですから、そのぶん時間はかかるかもしれませんけど、なにも入力の速さを競うコンテストに出るわけでもなし、ゆっくり訳文を考えながら打つのですから、これでじゅうぶんです。

小尾芙佐さんとは、ふたりで一対、まるでお神酒《みき》徳利《どっくり》みたいに思われてるようですけど、中身はまるきりちがいます。私はさっき話したように、原稿のリボン綴じとか、万年筆のインクの色とか、つまらないことにこだわるちっぽけな人間。小尾さんは逆に、そんなことには拘泥しない豪放なかた。でも、性格が正反対であるがゆえに、仲よくやれてるという面も多分にあるんです。

翻訳者としてデビューしたのは、小尾さんのほうが早いんですが、私が早川書房に出入りするようになったころ、小尾さんはご主人と、生まれたばかりのお嬢さんを連れてボストンに行ってらして、お会いしたのはずっとあと、どなたかの出版記念パーティーでだったと思います。

そういえば、手塚治虫さんが亡くなったときは、鎌倉からいらっしゃる小尾さんと池袋で待ちあわせて、いっしょに告別式に行きましたね。私は以前、練馬に住んでいて、かつての「虫プロ」や、手塚さんのお宅のある西武線には土地勘がありましたから。そのとき、「近ごろは出版記念会がひらかれることもめっきり減ったし、こういうときにしかお会いできないのは、悲しいね」と、話しあった覚えがあります。


仕事のことでは、だいぶあとになってから、宇野利泰先生から手伝ってほしいと言われて、共訳の本を出したことがあります（ロナルド・ノックス編『探偵小説十戒　幻の探偵小説コレクション』晶文社、1989）。このとき、久々に田園調布のお宅にうかがったら、ワープロが置いてあるんです。私が下訳をしていたころ、専門のお清書屋さんに原稿のお清書をさせておいでだと聞いていたんですが、じつは、お清書をなさってたのは奥様だったようです。ワープロも、それで奥様がお使いになるために購入されたものの、お年のせいか、結局、使いこなせなかったらしく、無用の長物となって、埃をかぶっていました。

宇野先生といえば、ちょっとおかしな出来事がありました。1997年に先生が亡くなったとき、稲葉明雄さんに、「弟子一同として、花輪でも出しませんか」と言ったところ、むっとされて、「ぼくは宇野さんの弟子なんかじゃありません！」と。何冊かお手伝いしただけで、自分の先生はなんとかおっしゃるフランス文学の先生であって、宇野さんとは関係なんかない、とえらい剣幕です。

でも、ずっとむかし、私がタトルを辞めてまもない下訳者時代に、神保町にあったタトルの直営店で、稲葉さんと遭遇したことがあるんです。あちらは本を探しにいらしたんですが、用がすんだあと、これからどうするんですか、とたずねられ、そのままいっしょに早川書房まで歩いてゆくことになりました。稲葉さんは下駄履きでしたね。歩きながらの話で、私が宇野利泰先生の下訳をしていると言ったら、「で、いくらくれますか？」と。「400字詰め1枚50円です」と答えたら、「なーんだ、ぼくのときとおなじだな」とおっしゃる。そんなことがあったので、てっきり宇野先生の下訳をしていた、つまりお弟子だった時期があるんだと、そう思いこんだわけ。

下訳はしたけれど、弟子ではないというお考えなのか。まあどっちにしても、私の早合点ではあるんでしょうけどね。

翻訳者と編集者、丁々発止の大立ち回り

いまはちがいますけど、かつて「ミステリ・マガジン」は「ミスプリ・マガジン」と言われて

たほど（笑）、編集作業に行き届かない点がめだつ時期がありました。その後はまた、その反動なのか、こちらの原稿にやたらチェックを入れられる編集や校閲のかたがふえてるような気がします。

あながち早川書房にはかぎりませんけど、翻訳者の立場から言わせていただくと、見当ちがいなチェックを入れてこられることも多々あります。じつは、光文社古典新訳文庫のジャック・ロンドンでも、いろいろありました。べつの狼のことを語っているのに、前出と狼の毛色がちがうとか、grizzled だという老狼の毛並みを、ちらほら銀色のものがまじっていると訳したら、これでは白髪みたいに読めるが、動物に白髪なんかあるのか（要するに誤訳じゃないのか）とか。これにたいしては、grizzled は人間なら半白、白髪まじりの髪と訳すべき語で（日本人ならば胡麻塩頭とも）、ほかに灰色の動物、とくに芦毛の馬の意味もある、と。さらに、かつて芦毛の名馬として知られた競走馬オグリキャップを例にひいて、現役時代は黒に近い灰色と白の斑の芦毛だったが、２００８年、23歳の高齢で久しぶりに府中の東京競馬場に姿を見せたときには、全身真っ白の白馬になっていた、とゲラに鉛筆で書きこんだりして。

話がそれました。とにかく、誤訳の指摘ならばいさぎよく受け入れますが（といっても、私の場合、最初の bulk の大失敗以来、誤訳はほとんどしていないと自負していますけどね）、そうでないのなら、なぜこう訳すのか、なぜこういう訳語を選んだのか、いちおうこちらの言い分もわかってもらわなくちゃならない。

丁々発止、ほとんど白刃をふるっての大立ち回りですね。

「HONYAKU BANANA 翻訳入門 '89」（別冊「翻訳の世界」 8、バベル・プレス）「書斎拝見」

東京創元社の「シャーロック・ホームズ」シリーズでは、まず初校ゲラを担当編集者のかたが持参され、付箋の貼ってある疑問点について、なぜ疑問なのかを説明される。私はそれを頭に入れながらゲラにアカを入れ、お返しする。しばらくすると、そのアカを取り入れた再校ゲラが送られてきて、私がそれを見おえたころに、担当のかたが再度来宅され、膝詰めで双方の言い分を徹底的に詰めて、直すべきところは直す。この膝詰め談判には、いつもかなり時間がかかるので、その日は昼食と夕食の〝2食態勢〟で行くのが恒例になっています。でも、こうして面とむかって徹底的に話しあうことで、おたがい心残りなく、なごやかに本造りが進められて、たいへんありがたいやりかただと思っています。ここまで手間を惜しまずにやっていただければ、翻訳者冥利に尽きますよ。

人前で話すのを大の苦手とする人間ですから、かつて何度か頼まれた翻訳学校の講師は、すべて勘弁してもらいました。ただ、後進の指導という意味では、義理のある方面からの依頼で、やむなくひきうけたことが一度だけあります。

立教大学英米文学科の学生だった宇佐川晶子さんが、当時の私とおなじ西武線の沿線にお住まいで、おうちがお隣同士だった翻訳家の田中融二さんに、将来、翻訳をやりたいのだけど、と相談なさったのだそうです。

ところが田中さんは、女のひとのことはよくわからんとおっしゃって、まあ逃げてしまわれ、福島さんにだれか女性の翻訳家に紹介してあげてくれ、と頼まれたとか。それで福島さんから私に電話があって、田中さんがこう言ってるから、なんとかひきうけてあげてくれ、と。前にも言ったように、福島正実さんから頼まれれば、むげに断わるわけにはいきません。それで、まだ学生だった宇佐川さんに、2冊ばかり下訳をしてもらいました。

下訳と言っても、私はかつての宇野先生同様、徹底的に自分の文体に直すくちですから、下訳はときどき参照するくらいで、自前の原稿用紙にまったくべつの文章を書いてゆく、というやりかたでしたけど。このとき宇佐川さんにお願いしたもののひとつが、先に角川さんのところで話したサッカレーの『バリー・リンドン』。いきなり19世紀に書かれた18世紀の物語で、むずかしかったんでしょう。まあ正直なところ、あまりよくできていたとは言えません。その経緯の一部は、『翻訳者の仕事部屋』の巻末、「フカマチ式翻訳実践講座」の1、「軍隊、中隊、大尉」という項で書いています。

そんなわけで、宇佐川さんも、大学卒業後にすぐ翻訳者になるのは無理だとわかったんでしょう。自分で就職口を探して、就職なさったんですが、それがなんと、タトル商会の著作権部！私がかつてタトルにいたことなどご存じなかったはずですから、偶然も偶然、驚きましたね。

それでしばらくタトルにいて、そのかん私も責任上、ときどき雑誌の原稿を手伝ってもらったりし、やがて折りを見て、「SFマガジン」の編集者に紹介しました。

以来、私はいっさいかかわっていませんけど、いまや宇佐川さんは、2009年と12年にブッカー賞を受賞した、ヒラリー・マンテルの歴史小説『ウルフ・ホール』と『罪人を召し出せ』(ともに早川書房)を手がけられるなど、翻訳家としてめざましい活躍ぶりです。またこの2作は、重厚な歴史小説という内容にもかかわらず、よく売れて、版を重ねていると聞きます。田中融二さんと福島さんに頼まれてのこととはいえ、私までがなんとなくうれしくなってくるのは、不思議なものですね。

私自身のことを言うと、「シャーロック・ホームズ」シリーズを訳しおえるまでは、うかうか死ぬわけにはいかないと思って訳しました。深町訳の特徴ですか？　１３０年前の作品にふさわしい文体で、と心がけていますけど、以前の創元推理文庫版、阿部知二先生訳ともまたちがうものです。好き嫌いを言うなら、いろいろ出ているホームズ・シリーズの翻訳のなかで、いちばん胸に落ちるのは、阿部先生の訳なんですけどね。

そして、家族のこと、母と娘の距離

父は、はじめから私を無理にでも結婚させようとは考えていませんでした。母は、父とはまたちがって、われ関せずという感じ。むしろ、タトルに紹介してくれた叔母のほうが、いろいろ心配して、知り合いのひととのお見合いの話を持ってきてくれたりもしましたけど、私がお見合いの席であまりにも無愛想だったから、断わられたんじゃなかったかな？　もはや大昔のことで、そのへんはよく覚えていませんが（笑）。要するに、私自身にその気がまるきりなかった、と。

４歳下の弟は、私とはあらゆる意味で正反対。体は大きいし、声も大きい、ずうずうしいくらいに前へ出てゆくタイプで、出身は早稲田の理工学部電気通信学科、つまりエレクトロニクスの技術者ですけど、本人のそういう気質をゼミの先生が見抜かれて、電気関係のメーカーとかじゃなく、商社（三井物産）に推薦してくださったようです。

母は、顔だちも性格も自分に似ている弟のほうに肩入れしていて、私に関してはまるきり放任主義。私に、というより、子どもそのものに、あまり執着がなかったみたいですね。

私の仕事にもほとんど関心がなくて、ここでもやはり叔母のほうが、ときどき手紙をくれて、「最初のころは訳文が生硬だったけど、近ごろはだいぶ良くなってきたわね」なんて批評してくれていました。

父は1974年に脳内出血で亡くなりました。1902年生まれなので、享年72。いま思えば、けっこう早死にだったと言えますね。定年後、庭の手入れはもっぱら父がしてたんですが、母と私のふたりだけになってからは、たとえば泰山木《たいさんぼく》の木など、大きくなりすぎて、とても手に負えない。土地家屋を手ばなして、転居することにしました。

横浜の洋光台に分譲住宅を見つけて、手付け金も打ったんですが、練馬までの帰り道、母がえらく暗い顔をしている。下町っ子ですから、街が遠いのが意に沿わない、と言いだしたんです。じゃあしかたがないわね、別れて住むことにしましょうということで、まだ60代だった母は中野のマンションを買って引っ越し、私はいまの川崎市宮前平に移ったわけです。

父は定年を2年延長してもらい、役員待遇で1959（昭和34）年まで勤めましたが、いよいよそれも辞めて、ずっとうちにいるようになると、かわりに母が毎日出かけるようになりました。娘が言うのもなんですけど、山田五十鈴《いすず》さん似の、まあ美人の部類でしたから、若いころからの念願だったらしい女優に転身したんです。女優といっても、日活の、通行人に毛が生えたくらいの下っ端ですけど、それでも本人は大張り切りで、練馬から池袋に出て、新宿で京王線に乗り換え、はるばる調布の撮影所までかようという毎日を、疲れた顔も見せずにこなしていました。前にも話したように、もともと社交的で、出好きなひと、私とは正反対です。私は出無精の最たるものですから（笑）。

その後、日活が石原裕次郎や小林旭の冒険アクション路線から、ロマンポルノ路線に切り替えたりして、母も出番がなくなったからでしょう、女優はやめましたが、別れて住むようになってからも、毎年5月には誘いあわせて歌舞伎座の「團菊祭大歌舞伎」を見にいったり、母と娘、以前とは打って変わって、友だちみたいにつきあっていました。おたがい健康で、それぞれ気に入ったところに住み、自由に暮らしていたればこそ、だったと思います。

お正月には、横浜に住む弟一家と、中野に暮らす母と、あいだをとって、全員が川崎の私のところに集まり、新年会の真似事をしていましたが（この集まりは、母の死後も恒例として、いまなおつづけています――弟の子どもたちもそれぞれ独立して、遠くから集まるのもけっこう大変なんですけどね）、それでも、母の生前に中野のマンションを私が訪ねたのは、たった一度、転居してまもないころ、どなたかの出版記念パーティーに出るのに、母のところで和服の着付けをしてもらったときだけです。

母は、父の死後さらに4半世紀を生きて、1999年8月、満90歳になる3カ月前に亡くなりました。いまも話したように、子どもとは終始、〝つかず離れず〟の関係を保ち、子どもに面倒

2017 年に深町さんが開いた「謝恩の集い」での深町さん。下はスピーチする姿。（写真提供：東京創元社）

を見てもらおう、などという意識はこれっぽっちも持たないひとでした。そういう母で、私はもちろん、弟夫婦もずいぶん助かってたんじゃないか。亡くなってはや20年以上たついま、つくづくとそう思っています。

コラム——彼女たちのまわりにいた人や本

深町眞理子さんには、雑誌「翻訳の世界」で原稿をお願いし、翻訳家の忘年会や出版パーティーなどでお目にかかっていたが、光文社古典新訳文庫の立ち上げ時、どの作品を新訳するかの相談でご自宅に伺った。緑の多い某私鉄沿線には、なぜか翻訳家の方々が多く住んでいて、その時期は何回も乗り降りした。

数年後、今度はインタビューのためにお邪魔して、美しい調度品に囲まれながら、心地よい居間で興味深いお話をたくさん聞かせていただいた。

翻訳学校など存在しなかった時代、「3人の恩人」によって翻訳の道を歩むことになった眞理子さん。翻訳に欠かせない日本語の表現力は、子ども時代の読書が大きく影響している。

とにかく、本の好きな、というか、本ばかり読んでいる子どもでした。小学校2年生くらいまでは、読めるものはなんでも読んでいたという感じです。

2、3歳のころに好きだった本は、雑誌「キンダーブック」や『ちびくろサンボ』。『ちびくろサンボ』の最後で虎が溶けてバターになってしまうところは、とくに気に入って、くりかえし読んでいたし、「キンダーブック」によく掲載されていたラグーザお玉の絵は、いまも目に浮かぶそうだ。

小学校1、2年生までに、世界名作童話や昔話のたぐいはほとんど読破。〝好み〟が出てくるのは、小学校3、4年生ごろからで、月に一度、本を買ってもらえる日には、学校から走って帰ると、母をひきずるようにして書店へ行き、さんざん迷ったすえに、読みたい本を選びだした。

友だちにも借りてそのころ親しんだ本は、『青い鳥』『ピーター・パン』『母を尋ねて三千里（クオレ）』『フランダースの犬』『家なき子』『ガリヴァー旅行記』『ロビンソン・クルーソー』『十五少年漂流記』『宝島』『黒馬物語』『乞食王子』『鉄仮面』『巌窟王（モンテ・クリスト伯）』などの外国作品と、南洋一郎や高垣眸《ひとみ》の南洋探検や猛獣狩りの物語だった。

そして、子ども時代の自分を、こう分析する。

口べたで、ひとづきあいが苦手、そのくせ自尊心の強さは人一倍だから、ここでブリッ子したほうが得だとわかっていても、ぜったいにしない、できない。要するに〝かわいげのない〟子ども。おのずと対人関係で誤解されたり、傷ついたりすることが多く、

友だちをつくることに臆病になっていたと思います。転校が多かったという環境も、友だちができにくい一因だったかもしれません。

とはいえ、けっして孤独ではなかった。本という最高の友だちがあったから。数多く読んだなかでも、いちばんのお気に入りは、『ニルスのふしぎな旅』だった。魔法で小さくなったニルスが、鵞鳥《がちょう》の背中に乗り、スウェーデン中を旅しながら成長してゆく物語に、わくわくさせられた。のちに、幼いときに読んだのは完訳ではなく抄訳本で、また本来の内容も、スウェーデンの歴史や地理を紹介しながら、同時に自然保護をも訴えることを目的としたものだと知った。作者はセルマ・ラーゲルレーヴ。１８５８年に生まれたスウェーデンの女性作家、１９０９年にノーベル文学賞を受賞している。

こうして見ると、『ニルスのふしぎな旅』は、〝旅〟と〝不思議〟という、私の好きなものがキーワードになっていたように思います。冒険や漂泊、漂流と遍歴と探索の旅、そしてその旅の果てに行きつく大団円。ある意味で、ミステリを解く楽しみに通じるところがありますね。

子ども時代の好きなものが、長い旅路をへて、翻訳という仕事に結実し、１９６４年の単行本から60年間も継続している。深町眞理子さんという「翻訳なんかやっている」人によって、本を読む楽しみが広がっていく。

本書で語ってくれた子ども時代、朝鮮半島で感じたこと、勤め人として、翻訳の仕事への取り組み方、両親とのかかわりなど、〝凛とした〟という言葉が似合っている。

Vol.3

小尾芙佐

「アシモフ、アルジャーノンに花束を、エリオット
異なる文化のしみついた言葉をおきかえていく」

小尾芙佐（おび・ふさ）
1932年3月24日東京生まれ。三輪田高等女学校在学中に疎開し、長野県伊那高等女学校へ転学。津田塾大学英文学科卒。ひまわり社「それいゆ」編集部勤務を経て、翻訳家に。訳書に、アイザック・アシモフ『われはロボット』『うそつきロボット』、ル・グィン『闇の左手』、ジェイムズ・ヤッフェ『ママは何でも知っている』、ダニエル・キイス『アルジャーノンに花束を』『アルジャーノン、チャーリー、そして私』、アン・マキャフリイ「パーンの竜騎士」シリーズ、ルース・レンデル『死のカルテット』、スティーヴン・キング『IT』、マーク・ハッドン『夜中に犬に起こった奇妙な事件』、エリザベス・ムーン『くらやみの速さはどれくらい』、ロバート・A・ハインライン『夏への扉』、C・ブロンテ『ジェイン・エア』、ジェイン・オースティン『高慢と偏見』、ジョージ・エリオット『サイラス・マーナー』ほか多数。

男児として命名された女の子は、本の虫だった

神谷（小尾）芙佐は、１９３２（昭和7）年3月24日、西新宿（東京府豊多摩郡淀橋町大字柏木70番地。現在の西新宿6丁目6番地あたり）で生まれた。

芙佐という名前は、父がつけた。

家督を継ぐのは男子という家制度の時代には、まずは男児誕生が望まれていた。男の子ではなかったと落胆して、父親が名前をつけるのも忘れていたというようなエピソードは、津田梅子をはじめとして、数多くの例がある。

わたしの場合は、父方の祖父が、「第一子が男児でなければ嫁（わたしの母）を離縁する」と宣言していました。あいにくわたしが生まれたのですが、すでに病で床に臥《ふ》していた祖父に、父は男児出生と告げたのです。さっそく祖父から「伸春と命名せよ」とのご託宣。それから数年間、わたしは男児風に頭を刈られ、男児の服を着せられ、伸春と呼ばれて育ちました。ところがあるとき、ひょんなことから、わたしが女の子だと祖父にばれてしまい、以後は、伸子と呼ばれるようになりました。亡き父も母も、そして親戚じゅうの人たちも、みんなわたしを伸子と呼ぶんです。

今でも親戚に電話すると「ノブコです」と応対してしまうという。とはいえ、ここでは「芙佐さん」のお名前で書かせていただく。

「ヨヨハタ」と呼ばれた代々木八幡の巨大なガスタンク、はるか彼方に小さくそびえる富士山、緑色のチンチン電車（市電）が走る青梅街道、夜になると歩道に並ぶ出店のアセチレン灯、そして近くを流れる淀橋川（旧・神田上水）が、芙佐さんの原風景だ。

小さいころは、駅の整備がはじまったばかりで、ぺんぺん草が生える新宿駅西口の広場で縄跳びをし、青梅街道をはさんだ成子天神や熊野神社、広大な淀橋浄水場などが遊び場だった。

母は教育熱心で、わざわざ娘を知人宅に寄留させて、学区外の淀橋第一尋常高等小学校に入学させた。「第一学校、ボロ学校、あがってみたらいい学校」と生徒たちが歌うような学校だったが、新宿副都心の完成とともに子どもの数が激減して廃校となった。いまその跡地に立てば、目前に高層ビルがそそりたっている。

父は無類の本好き、とくにミステリを耽読していた。

父は、大学在学中から探偵小説を書くのが夢で、小説家になりたかった人なんです。書斎は古今東西のミステリ本で埋まっていました。雑誌「新青年」*のバックナンバーも、家のあちこちに山積みになっていましたね。わたしは小学校3年のころには吉屋信子の少女小説、

＊「新青年」は、博文館から1920（大正9）年1月に創刊された探偵小説雑誌。

山中峯太郎や海野十三《うんのじゅうざ》の冒険や探偵小説、『小公女』や『小公子』などの外国の児童文学を読み、ギリシャ・ローマ神話も卒業して、今度はうず高く積まれた父の蔵書を手当たり次第に読むようになりました。

エドガー・アラン・ポー、クロフツ、エラリー・クイン、コナン・ドイルなどの諸作品、モーリス・ルブランの「ルパン全集」、江戸川乱歩や野村胡堂の『銭形平次捕物控』、横溝正史『人形佐七捕物帳』を愛読し、大衆文学全集、講談全集、落語全集なども読み尽くした。桑の葉の山に埋もれた蚕《かいこ》の幼虫が、凄まじい勢いで桑を食べていくような毎日だった。

何を読んでも父は何も言わなかったのに、あるとき、ハガードの『洞窟の女王』を読んでいたら、「こんなものは読んではいけない」と取り上げられたのは不思議でした。このころ、江戸川乱歩の『人間椅子』に衝撃を受けたことを、はっきり覚えています。よほど早熟な女の子だったのでしょうね。

学校の帰り道、歩きながら本を読み、電信柱にぶつかったこともある。

おやつを食べるときは必ず本を読んでいたし、食事のときも、読みかけの本をもって食卓についたりして、さすがに母に叱られました。

ガラス扉のついた本棚にうやうやしくならぶ世界文学全集は、小学生には手強かったが、それでも『モンテ・クリスト伯』や『クオ・ヴァディス』などを少し齧《かじ》ってみた。

漢字ばかりでスラスラ読めないのが悔やしくて、本の厚紙のケースの背に、花子とか桃子とかいう名前を書いて、人形扱いにして鬱憤《うっぷん》晴らしをしてましたね（笑）。

1941（昭和16）年、小学校5年生の12月8日、真珠湾攻撃でアジア・太平洋戦争が始まった。翌朝、全校生徒が校庭に集められ、校長先生から訓示があったのを覚えている。

それからは、じょじょに戦時色が強まり、授業の合間に戦地の兵隊さんに送る慰問袋を作ったり、出征兵士に贈る千人針作りのお手伝いに街頭に立ったりした。南方の兵隊さんが送ってくれた貴重なゴムまりに感謝する作文も書かされた。

本を読むことと同様に、文章を書くことも好きだったが、作文に関しては苦い思い出がある。あるとき、担任の先生が、隣のクラスの先生と議論しているのを、芙佐さんは偶然聞いてしまった。

お隣のクラスの先生が、わたしの作文をコンクールに出しましょうと言ったのに対して、担任の教師は反対していたんです。夕空にたなびく巻雲を「天女の羽衣のようだ」などと陳

腐な比喩で書いている、こんな作文をコンクールに出すわけにはいかない、とね。子ども心に、自分は文章を書く才能はないのだと感じてしまったように思います。

私立の高等女学校に進学するが、空襲が激しくなり長野へ疎開

1943（昭和18）年、良妻賢母の育成を目指すという校風が母親の気に入り、私立の三輪田《みわだ》高等女学校（現・千代田区）に入学する。

ところが入学して1年もたたないうちに、空襲が烈しくなり、疎開《そかい》する生徒も増えて、クラスメートは10人ほどになってしまった。

英語の授業はまだあり、“This is a pen.”で始まる教科書が使われていた。学校の一部は「学校工場」になり、上級生がミシンを踏んで働く姿が見えたりして、勉学にはあまり身が入らなかった。

やがて、紙も統制物資で配給となった。本や雑誌の出版点数も減り、頁数も減らされ、新刊書は極端に少なくなった。芙佐さんは、読むための本を求めて、いやがられても、本のある同級生の家に押しかけるようになった。

この年、柏木（西新宿）の家が、強制疎開*となり、西大久保に転居した。空襲がはげしさを増し、母と妹は長野県上伊那郡高遠町《たかとおまち》の母の実家に疎開した。旧高遠藩の小さな城下町、藩に関わ

りをもっていた父祖の地でもあった。

東京に残った父とともに、芙佐さんは、ほとんど毎夜、空襲警報のサイレンが鳴るたびに防空壕に飛びこみ、爆弾が炸裂する音が、どーん、どーんと近づいてくる恐怖をあじわった。市ヶ谷にある女学校まで通学するあいだも、空襲警報が鳴り、そのたびに電車が止まって、駅の外の物陰に身をひそめた。

やがて、自宅から道路を1本隔てた、新宿寄りの住宅地がきれいに焼き尽くされてしまう。もう通学をあきらめ、芙佐さんも高遠に疎開することになった。リュックサックに身のまわりのものを詰め、ぎゅうぎゅう詰めの汽車に8時間立ちっぱなし、飯田線の電車とバスをのりついで約11時間。ひとり、高遠に着いた。

しばらくして、東京の自宅が焼けたという知らせがきた。家の焼け跡には、本の形のままの灰が、うずたかく小山となって残っていたと、父の知人から伝え聞いた。

でも、そのときは、本が惜しいとは感じなかったんです。みんな空襲で家を失くしていたから、うちだけ焼けてないという申し訳なさがあったのか、哀しいより、やっと人並みになれたって思いました。

＊空襲による延焼をふせぐため、強制的に家を取り壊して空き地にして防火地帯をつくること。建物疎開とも言う。

長野では、県立伊那高等女学校に転入学する。疎開してくる生徒が多く、「疎開組」というクラスがひとつできていた。

通学は、でこぼこ道10キロをバス通学。ガソリンは不足しており木炭で動かしていた。エンジンがなかなかかからず、発車まで長時間待たされた。ガタガタと走りだすバスの後部座席のはしっこで、いつも本を読んでいた。どんな本を読んでいたのかは覚えていないという。

戦争はさらに激化し、学校も授業どころではなくなる。毎日、勤労奉仕、農家の手伝いに駆り出されて、かたい田んぼの土を掘りかえし、戦闘機のガソリンの代用として使われる松根油《しょうこんゆ》をとるため、松の根っこを掘り起こした。農家でお茶の時間に大きなおむすび（黄な粉がまぶしてあった）が出されることがあり、それが一番の楽しみだった。

やがて10人ほどの生徒が選ばれて、稚蚕《ちさん》飼育所《しいくじょ》なるところに送りこまれる。卵から孵《かえ》ったばかりの蚕の食欲を満たすため、昼は大量の桑の葉を摘み、夜は不寝の番で桑をあたえた。蚕が桑を食《は》むサワサワという騒がしい音はいまでも耳に残っている。

お国のための重要な任務と言われたけれど、蚕が吐き出すあの絹が、なにに使われたのか知りません。ことによると落下傘になっていたのかもしれませんね。

あまりの激務に、高熱を出して務めを離脱。その後、肺門リンパ腺炎（初期の結核）と診断されて、1年の休学を強いられた。

安静が第一と読書も禁じられたことが辛かった。母に隠れて、古新聞や古雑誌のたぐいまで探しだして読んだ。納戸の奥に、「日本文学全集」を見つけたときはうれしかった。里見弴《とん》の『多情仏心』、佐藤春夫の『田園の憂鬱』や『都会の憂鬱』。この3冊を舐めるように読んだものの、なんとなく気分が滅入ったのを覚えている。

1945（昭和20）年8月15日、敗戦を迎えたときは13歳。ラジオの玉音放送は家で聞いた。「これで恋しい東京に帰れる」と思った。

敗戦後はバスケットボールと音楽に開眼、映画館に通う

ところが、そのころ、実家の跡取りである母親の兄が病気で亡くなったため、母は年老いた両親をおいて東京に帰ることができなくなった。疎開組の生徒は、ひとり、ふたりと、毎日のように東京に帰っていき、とうとう最後に芙佐さんひとりとなった。

結局、大学入学までの6年間を、この地で暮らすことになる。中央アルプス（木曽駒ヶ岳）や秀麗な仙丈岳を目の前に、遠くはるかに北アルプスをのぞむ伊那が、第二の故郷となった。

旧制女学校が新制高校になり、名前も伊那弥生ヶ丘高等学校と変わった。病状も回復して、復学後はバスケット部の部員になる。大学受験1年前まで、毎日バスケットの練習に明け暮れた。子どものころから本が大好きで、戦争中は空腹の飢餓感以上に、活字に飢えていたという芙佐さんが、この時期、なぜか読書から遠ざかっていた。

そして、音楽に目覚めた。友人の家にSPのレコードがたくさんあり、そのなかにベートーベンの交響曲第九番があった。全曲で5、6枚はあったそのレコードを、手回しの蓄音機で何度もくりかえし聴いた。合唱に入る前の、テノールのソロの第一声に心が震えた。また、ガアガアと雑音の入るラジオに耳をつけて、クラシック音楽を聴いた。

ピアノを習いたいと思っても家にピアノはなく、やむなく早朝に学校に出かけて、講堂のグランドピアノで、ひとりバイエルの練習をした。

町にふたつある映画館では、輸入された外国映画がほとんどすべて上映され、芙佐さんは通いつめる。

ローレンス・オリヴィエ演ずる『ハムレット』に号泣して、戦後日本では最初の天然色だったソ連映画『石の花』にも感動しました。もちろん、祖父の農作業の手伝いもしました。いざとなれば、原始的な米作りもできますよ。

山あいの棚田の畦《あぜ》で、芹《せり》や蕗《ふき》のとうを摘み、畑から掘り起こしたばかりのじゃがいもの泥を湧き水で洗いおとし、焚き火にかけた鉄鍋でゆでて食べる……食糧難だった東京と違い、質素でも食べ物があった地方での日々は、戦時の閉塞感から解放され、豊かな暮らしだったと言えるのかもしれない。

戦争中、「敵性語」として排斥された英語だったが、戦争に負けると今度は英会話ブームがわきおこった。進駐軍の兵士の会話を耳にした編集者が企画し、敗戦後1か月でスピード発行した『日米會話手帳』*は約360万部も売れるベストセラーになった。

こうした空気は、長野県・伊那の山奥にも伝わってくる。布教にやってきたモルモン教の宣教師が英会話教室を開いた。高校生の芙佐さんも通った。

高校3年生になると、ほとんど授業には出席せず、もっぱら家で大学受験のための勉強をした。受験生はそうすることが許されていた。

大学受験のため、1950（昭和25）年の夏休みには、東京の父の仮住まいにやってきた。そして、千駄ヶ谷にある津田英語会が主催する夏期講習に通った。

あまりにもレベルが高くてついていけなくて、これで受験できるか不安でした。わたしは英語が得意というわけではなく、英文科よりむしろ国文科を志していたのですが、津田塾を卒業した父方のおばが身近にいたせいか、なんとなく津田塾大学にあこがれていたんですね。実際に津田塾のキャンパスを見に行ったら、とても素晴らしかったので、受験することに決めました。

津田英語会の講習のあとは、必ず四谷の国会図書館に寄って、何時間も勉強した。当時の国会図書館は、かつての東宮御所であった昔の赤坂離宮（現・迎賓館）を使っていたのだ。

＊ 誠文堂新光社の子会社・科學教材社が発行元。

誰でも入れたので、お弁当を持って毎日のように出かけました。大理石の階段をあがり、赤絨毯を踏んで、豪華なシャンデリアの下の閲覧室に入ると、開架式の書棚にかこまれ、なつかしい古書の匂いを嗅ぎながら、楽しく受験勉強をしました。

寮生活は新天地、週末は新宿の本屋と映画館へ通い演劇部へ

こうして津田塾大学の英文学科に無事合格した。

西新宿の家は焼けましたので、大学の寮に入りました。長野県出身の同級生が十数人いて、そのなかの3人と同室になりました。冬でも暖房がなく、部屋に火鉢がひとつだけ。2台のベッドをくっつけて3人で寝ました。食料も不足がちの寮生活ですが、学生たちは本当に勉強が好き。授業が終わって午後3時ごろ大学の教室から寮に帰ってくると、みんな、もう机にしがみついて勉強していました。

同じ寮の上級生には、のちに作家になった大庭みな子さんがいた。『津田梅子の娘たち』（ドメス出版）のなかで、川本静子さんが大庭さんについてこう記述している。

（上）1956 年ごろ、津田塾大学キャンパスにて。（写真提供：小尾芙佐）
（下）当時、国会図書館として使われていた迎賓館に小尾さんも通った。（1948 年撮影）

（大庭の）入学は一九四九（昭和二四）年、まだ物資が乏しいころで、東寮で四年間を過ごした。寮生活は高等女学校時代に経験していたが、田舎の女学校の寄宿舎生活はなにかと制約が多く、ものも言えないような感じだった。そこから津田塾に入ったときの解放感はこの上なく大きく、非常に幸せだったという。

学生運動に熱心なひとたちもいた。

当時の塾長は、津田梅子の後を継いだ星野あい先生。新入生は数人ずつ、敷地内にある星野塾長のお宅にお茶に呼ばれて、親しくお話を聞きました。こうして塾の雰囲気にも溶けこんでいき、わたしにとってはまさに新天地でした。

ところが、授業の時間は自信喪失に陥る。英会話や英作文などの実用的な英語の能力は、東京在住の友人たちと格段の差があったのだ。

授業中は、あたるのが怖くて、先生と目が合わないように下を向いていました。

教室で唯一、先生に褒められたのは、日本語の作文の時間だけだった。

とはいえ、文章を書くのは好きだが創作の才能はないと感じるようになる。ひょっとすると、小学校の担任教員の言葉も影響しているかもしれない。自分の特性を生かす道は翻訳だと大学3年のときに思った芙佐さんは、土居光知教授の「翻訳論」の講義をとってみた。

夏休みには、教科書に使われていたジョン・ゴールズワージーの『フォーサイト・サガ』の一部を翻訳してみようかという気になって、十数ページを翻訳してみたんです。けれど、歯が立ちませんでしたね。

英文講読の教科書に使われたのは、ジェイン・オースティンの *Pride and Prejudice* とジョージ・エリオットの *The Mill on the Floss*。構文が難しく、辞書と首っ引きで読むだけでも苦労し、小説の醍醐味を味わうまでにはいたらなかった。

ちなみに、芙佐さんも講義を受けた近藤いね子先生は、戦前に林芙美子や夏目漱石の小説を英語に翻訳している。また、時事英語を教えてくれた藤田たき先生は、のちに労働省の職員になった。

芙佐さんは、英文学よりフランス文学に惹かれた。フローベール、モーパッサン、スタンダールなどの本を買った。ロマン・ローランの『ジャン・クリストフ』、マルタン・デュ・ガールの『チボー家の人々』、アルベール・カミュの『異邦人』など、読みたい本はいっぱいあった。

土日は、ひとりで新宿へ行き、紀伊國屋書店で本を一通り見終わると、帝都座の隣の名画座で3本立ての映画を観るんです。当時輸入されたイギリス、アメリカ、フランスなどの映画は、1本たりとも見逃しませんでした。

小学校のころから芝居も好きだった。大学では演劇部に入り、戯曲の面白さに目覚める。チェーホフ、イプセン、モリエール、ジロドゥ、アヌイなどをことごとく読んだ。シェイクスピアは坪内逍遥訳の全集を読んだ。当時、強烈な印象を受けたのは、ユージン・オニールの『楡の木陰の欲望』だった。

演劇部で上演するのに、なるべく女性が出てくる戯曲を選びましたが、男役があるときは一橋大学のかたをお借りしたりしてきましたね。『ガラスの動物園』も上演しました。演劇はよく観に行きましたね。文学座、劇団俳優座、劇団民藝などが全盛の時代でしたから、文学座の友の会にも入って、アトリエ公演まで欠かさず観ました。杉村春子の『女の一生』『欲望という名の電車』、東山千栄子の『桜の園』、芥川比呂志の『どん底』、滝沢修の『セールスマンの死』など、名優たちの舞台にも接しました。だから、戯曲の翻訳をやってみたいと思ったこともありますね。

街に出て映画や芝居に親しむことが、何よりの「学び」だった。そして、観劇代を捻出するために、英語の家庭教師のバイトにも励んだ。

就職せず谷崎や三島に耽溺、三行広告で出版社に応募する

やがて、卒業後の進路を考える年がやってくる。敗戦から10年、英語に堪能な津田塾の学生は、日本航空などのスチュワーデス（現在のキャビンアテンダント）や商社勤務を志望する者が主流だった。英文速記の専門学校に通って、就職に備える友人もいた。教職希望者も多かった。

芙佐さんはそうした仕事には興味が持てず、本に関係する仕事をしたいと思っていた。ところが、大学には出版関係の求人は来ない。一度、学術関係団体の就職試験を受けてみたが、タイプの実技試験があり「これは無理だ」と途中で帰ってきてしまった。

１９５６年春、津田塾大学を卒業すると、就職はせず、父親が経営する日本橋の税理士事務所の手伝いに通うようになる。

皆さん就職していきましたが、わたしはなぜか、焦る気持ちはありませんでした。父の税理士事務所を手伝って、そろばんをパチパチはじいて書類を書く仕事をして、帰宅すれば谷崎潤一郎と三島由紀夫の全集を舐めるように読みました。谷崎の耽美的な世界、三島の華麗な文章、言葉の宝庫です。お給料もいただけて、自由に本は読めるし、映画や芝居も思いきり観られるし（笑）。この時期に本を読みまくったことが、あとで翻訳をするときに役立っ

たと思います。

父も、おいしい駅弁を食べるためだけに大阪まで汽車で往復したほどの食いしん坊だった。その父の血をひいた芙佐さんも、谷崎の『美食倶楽部』には目をみはった。

この年の6月、阿佐ヶ谷の書店で「ＥＱＭＭ（エラリイ・クイーンズ・ミステリ・マガジン）」の創刊号を発見する。

日本でも、こんな洒落たミステリ雑誌が出たのかと、ほんとうにうれしくて、店頭にたたずんで、ずっと見入ってしまいました。そして買いました。

それ以来、「ＥＱＭＭ」を愛読しつづけている。やがて自分の翻訳が載るとは、そのときは夢にも思わなかった。

卒業から1年ほどたったある日、「朝日新聞」に「編集部員募集　ひまわり社」という三行広告を見つける。ひまわり社は、画家でありファッション・デザイナーでもあった中原淳一が主宰する出版社で、少女雑誌「ひまわり」「それいゆ」「ジュニアそれいゆ」などを刊行していた。

募集人員3名のところに、１０００人ほどの応募者が押し寄せたという。芙佐さんもそのなかのひとりだった。

入社試験の日、わたしは遅刻しそうになって、駅から会場の共立講堂まで走りに走って、「もうだめだ」とあきらめたとき、試験場の扉を閉めかけていた女性が、「早く、早くー、いま入れば間に合うから」と大声で叫んでくれたのです。そのおかげで、間一髪、試験場に飛び込むことができました。これはわたしの人生にとって大きな分かれ目でしたね。筆記試験は、クレペリン・テストという適性検査だけでした。これで人数をしぼり、通過した人は、中原淳一さんの面接がありました。「いま読んでいる本は?」と聞かれて、「谷崎潤一郎の『鍵』です」と答えて、ちょっとしまったかなと思いました。

それでも見事、ひまわり社に採用され、「それいゆ」編集部に配属となった。

入社試験で、遅刻しそうな芙佐さんに大声で呼びかけ扉を開けていてくれた女性は、「ジュニアそれいゆ」の編集長だった。

芙佐さんの最初の仕事は、中原淳一がデザインしたドレスを着るモデルの手配。そして、グラビアの写真撮影の助手だった。芳村真理、大内順子、朝丘雪路、雪村いづみ、菅原文太、小林旭、宍戸錠などが、モデルとして「それいゆ」誌面を賑わせていた時代だ。

やがて、グラビアページのネーム(説明文)を書かされるようになる。書き上げた原稿は、必ず仙川にある中原淳一の自宅に持参して、厳しいチェックを受ける。

この「仙川参り」に行ったある同僚は、一夜明けるまでオッケーがでず、奥さまの葦原邦子さんにお夜食を出してもらいながら書き直しをして、明け方にやっとオッケーがでた、などということもありました。

芙佐さんが担当になった連載小説の翻訳者のひとりが福島正実さんだった。当時「それいゆ」には、キャザリン・ギャスキンの『サラ・ディン』という翻訳小説が連載されていた。その訳者である福島正実さんに翻訳原稿をもらうため、初めて早川書房を訪れることになった。愛する「EQMM」や、ポケミスの愛称で知られる「ハヤカワ・ポケット・ミステリ」を出している出版社である。

あこがれの編集部に行けるのですから、足が震えるくらい嬉しかったです。当時の早川書房は神田駅の近くにある木造の社屋でした。2階への狭い木の階段をとんとんのぼっていくと、ミステリの編集部があって、田村隆一さんや都筑道夫さんなど、そうそうたるメンバーがいらっしゃいました。そこにいる福島さんに原稿をもらいに行くのは本当に楽しみでした。ひまわり社は銀座8丁目のビルにあったので、近くには「銀巴里《ぎんぱり》」があり、若い丸山明宏（美輪明宏）が歌っていて、とても刺激的な毎日でした。

戦争で焼けた自宅が、このころ、ようやく新築された。自宅から銀座まで毎日通ったが、激務のあまりとうとう身体をこわしてしまい、1958年末に、ひまわり社を退社することになった。

しばらく静養し、体調も回復してきた1959年の半ばごろ、「翻訳」という仕事に真剣に向き合おうと決意。芙佐さんは、早川書房の福島正実氏を訪ねた。福島さんからミステリの短篇をわたされ、それを訳してくるようにと言われた。その試訳がパスして、いよいよ翻訳の道に踏み出すことになる。26歳のときである。

「あなたはミステリの翻訳をやりたいということだが、ぼくは来年1月に『SFマガジン』の創刊号を出さなければいけない。当面はSFを手伝ってもらいますよ」と福島さんに念を押されました。そのとき、わたしは軽く聞いていましたが、今から思えば大変な時期、福島さんは編集その他で大車輪、孤軍奮闘だったと思います。

SFとはどのようなジャンルなのか。当時、「これをお読みなさい」と福島さんから渡されたのは、フィリップ・K・ディックの『宇宙の眼』*Eye in the Sky* だった。*

これを読んで驚愕し、「こんなすごい小説があるんですね」と福島さんに報告している。それまでの芙佐さんにはまったく無縁だったSFだが、理解する感性があったのだろう。

数人の先輩方の下訳から始めて、やがて「EQMM」と「SFマガジン」の両誌で翻訳をするようになる。創刊から4号目の「SFマガジン」1960年5月号にキャロル・エムシュウィラ

＊原著1957年、『宇宙の眼』中田耕治訳、1959、のちに『虚空の眼』大瀧啓裕訳、サンリオSF文庫、1986→創元SF文庫、1991。

ーの「狩人」が、「ＥＱＭＭ」１９６０年６月号（No.48）にジャック・フィニイの「未亡人ポーチ」が載った。

「いいでしょう、活字になる気分って」と福島さんに言われたときのことを、はっきり覚えています。

「神谷芙佐訳」という文字がまぶしかった。

それからは、ねじり鉢巻きの日々になった。家には冷房がないので、夏は水に浸したタオルを頭に巻きつけ、翻訳に追いかけられることになる。

「ＳＦマガジン」に掲載する作品を選ぶ手伝いもすることになり、翻訳のかたわら、リーディングにも追いかけられた。有名作家の面白い作品のほかにも、掲載に値する作品を探し出す仕事だ。

当然、面白くないものもありますから（笑）、リーディングはその意味でも大変です。時間がないからレジメにまとめる余裕もなく、興味をひいた作品のあらすじを話すために、連日のように編集部に足を運んでいました。

このころの早川書房は、現在の神田駅近くに新しい社屋が建っていた。２階の広い部屋には、各編集部の机がコの字形に並び、仕切りもなく、まんなかにひろびろとした空間があいていた。

SFの編集部の向かいは「EQMM」の編集部。わたしはSFの編集部に足を運びながら、あちらをチラチラ見てましたね。ミステリの翻訳の注文がこないかなあと、ひそかに念じていました。

当時、SFの翻訳者は不足していた。日本にSFを根づかせた福島正実は、「SFマガジン」創刊当時の翻訳事情について、こう記している。

翻訳者の不足に頭を悩ましたことも、この頃の重要な思い出の一つである。……早川書房は、かなりの数の翻訳家を擁していた。しかし、そのほとんどはミステリーが専門でSFについては殆ど知識も関心も欠いていた。彼らはむしろ、SFを依頼されることを恐れさえした。……／ぼくとしては、何とか、目ぼしい翻訳家たちを、SF好きにするしかなかった。……／大久保康雄、宇野利泰、井上一夫、中田耕治、田中融二、高橋泰邦、小笠原豊樹、稲葉明雄、峯岸久、田中小実昌、小尾芙佐、それに同僚だった小泉太郎（生島治郎）や常盤新平……村上哲夫、大門一男、ロシア文学者袋一平さんら——みんな、その頃ぼくから、SFがいかに翻訳家の仕事として価値あるかの長広舌を聞かされて、うんざりした経験をお持ちのはずである。（『未踏の時代　日本SFを築いた男の回想録』福島正実、早川書房1971→2009）

そんなときにやってきた芙佐さんは、「飛んで火に入る夏の虫」だった。

当時は、福島さんに「SFをやってくれないか」と言われると、すでに活躍している翻訳者は、みんな「勘弁して」という感じだったようです。それで私は同じ号に複数の作品を訳すこともありました。3作とも同じ名前ではまずいということで、ペンネームを考えて、ひとりは男の名前にするなんていうこともありましたね。

例えば、「SFマガジン」1961年12月号に掲載の3作品。
ウィリアム・テン「ブルックリン計画」神谷芙佐訳
H・B・ヒッキイ「抱擁」城戸尚子訳
ハリイ・ウォルトン「スケジュール」谷三郎訳
翻訳者は同一人物、神谷芙佐である。

振り返ってみると、翻訳だけではなく、日本のSFの創成期に立ち会ったことになります。星新一さん、筒井康隆さんなど、SF作家クラブの人たちは、何かあると寄り集まってお酒を飲み、議論をしていましたね。その時分は男性ばかりで、まだ紅一点でしたが、わたしもとても楽しい経験をしました。この前、古いカセットテープが出てきて再生してみたら、どなたかの出版記念会の録音。司会をしている福島さんの声。星さんが酔っ払って歌を歌い、小松左京さんが大声で叫び、矢野徹《てつ》さんが冗談を言う……その生き生きした声が再生されたんです。皆さん、あの世に逝かれてしまいました。

やがて、ミステリへの愛着を断ち切れぬ芙佐さんに、ミステリの長篇も少しずつ与えられ、『レアンダの英雄』（アンドリュウ・ガーヴ、1961）、『死の目撃』（ヘレン・ニールスン、1961）、『ささやく街』（ジャドスン・フィリップス、1963）などを手がけた。SFに関しても、アイザック・アシモフのロボットシリーズやウィリアム・テンなど、自分好みの作品や作家も現れていく。

1961年2月号（1周年記念特大号）に掲載されたダニエル・キイスの中篇「アルジャーノンに花束を」（稲葉由紀訳）を読んだときは文字通り号泣した。

読んだ翌日に編集部にすっとんでいって、「SFにもこんなに素晴らしいものがあるんですね」と福島さんに詰め寄っていました。ミステリに気持ちが向いていたとはいえ、ずいぶん失礼なことを言ったものですね。それでも福島さんは、「そう、あるんですよ」と、苦笑いというか、うれしそうな顔をなさいましたね。

翻訳についての勉強はどのようにしたのだろうか。即、実践だったので、勉強する暇《いとま》はなかったと芙佐さんは振り返る。翻訳学校など存在しない時代だ。

でき上がった翻訳について、ここはこうしたら、というようなアドバイスをもらった記憶もない。

ただただ、ひたすら訳すだけの毎日でしたね。

活字になった自分の作品をじっくり読みなおす間もなく、手元にはいつも、すぐに訳さなければいけない本が数冊積まれていた。

原文を読み、作品の心を読み解き、日本語におきかえる作業のくりかえし。福島編集長は芙佐さんに、何度かこんなことを言っている。

「あなたの仕上げた原稿は、こちらの予想している枚数より少ない。いつも短めなんだ。ほかの訳者はそんなことはないのに、なぜだろう」

なぜだか本人にもわからなかったそうだが、これは、芙佐さんの翻訳の特徴を言い得ていたかもしれない。

結婚しても出産しても翻訳が追いかけてくる

芙佐さんは20代の後半になり、周囲が騒がしくなってきた。当時、女性はクリスマスケーキに喩《たと》えられ、25を過ぎると「売り物にならない」などと言われたものだった。見合い話がもちこまれたが、気の合うパートナーには出会えず、とくに結婚したいとも思わないまま29歳になった。
そんなとき、三輪田学園で教員をしていた親戚のおばから、同僚の教師の従弟という人物を紹介され、三輪田学園の門前で会うことになった。

その男性は、開口一番、「神谷さんには、前に会ったことがある」と言うんです。「え？どこで？」と聞いたら、「『SFマガジン』で」と答えて、ビックリ。とにかく話が面白くて、本もたくさん読んでいて……。

私学会館（現・アルカディア市ヶ谷）の喫茶室に行くまでも、歩きながらのおしゃべりが続いた。「夫となる男性」は、大学で経済学を教える教員で、女性は結婚しても仕事を続けるべきという考えの持ち主。結婚はすんなりと決まった。

翻訳者としての名前（姓）を小尾に変えてと夫に言われ、わたしは「はいはい」とオッケーしたんです。姓は神谷から小尾に変わりましたが、ファーストネームである「芙佐」と呼んでくれる家族は、彼が初めてでした。

神谷芙佐という訳者名を小尾に変えたいと申し出ると、編集部の福島正実にも小泉太郎にも

「せっかく世に知られるようになった名前だから、変えることはないでしょう。もったいない」と大反対された。しかしその反対を押し切り、新しい姓でスタートすることにした。

1962年7月に小尾恵一郎氏と結婚。「SFマガジン」62年9月号のレイ・ブラッドベリ「われはロケット」の「神谷芙佐訳」を最後に、同12月号のウィリアム・テン「道化師レスター」からは「小尾芙佐訳」となる。

「一人息子の母親と同居するなんて苦労するわよ」と友だちにさんざん脅されたが、杞憂だった。夫の母は、本所生まれの築地育ち、東京音楽学校で琴を学び、三味線も、歌舞伎の役者に稽古をつけるほどの腕前だった。結婚してからも琴の弟子をとっていたから、女性が仕事をすることについて当たり前という感覚だった。実家の母が「お裁縫もできない娘で」と嘆くと、義母が「芙佐さんには翻訳という仕事があるのだから、お裁縫は専門家にまかせればよろしいんですのよ」と「嫁」の肩をもつ。

「ノブコ」と呼ばれていた暮らしから、夫に続いて同居の義母からも「芙佐さん」と呼ばれるという新鮮な生活がスタートした。

式や引っ越しが済むと、リーディングと翻訳の多忙な日々がすぐに戻ってきた。経済学が専門の夫は、ゲーテに心酔し、『源氏物語』や漢詩を愛し、永井荷風の『断腸亭日乗』を座右の書としているような読書家で、翻訳にもひとかたならぬ関心をもち、神谷芙佐訳のSFやミステリを読んでいた。自然と、芙佐さんの訳稿に目を通すようになり、あるときは賞賛し、あるときは厳しい批判を浴びせたという。

そして1963年12月、芙佐さんは女児を出産した。

仕事はおかまいなしに追いかけてくるので、出産の半月前までやっていましたよ。

出産後3か月ほどたって仕事を再開したが、仕事をする時間帯は一変した。娘の眠っている午前3時ごろから朝7時ごろまでの間が、主な仕事時間になった。よちよち歩きをするようになると、昼間は夫の母が面倒をみてくれた。

娘が生後4か月のときに、芙佐さんは初めて海外へ出かけた。妊娠中に夫がアメリカのハーバード大学に留学しており、娘が生まれると、すぐ連れて来るようにと矢の催促だったからだ。

実家の母は、「乳飲み子を抱えて行くなんて、とんでもない」と大反対だったが、夫の母は、「芙佐さん、あなたは翻訳の仕事をしているのだから、この機会にアメリカの土を踏んでいらっしゃい」と背中を押してくれたのである。

1964年4月、日本人の渡航はまだ自由化されておらず、1ドルが360円の時代、芙佐さんは羽田空港から乳飲み子を抱いて、ボストンへと飛び立った。

アメリカで一休みできるかな、と思ったら、福島さんから大変なお役目を与えられました。ニューヨーク万国博覧会の見聞記を書くことと、アイザック・アシモフへのインタビューです。見聞記は親子で出かけて書けましたが、大変なのはインタビューです。ニューヨークのエージェントに交渉して、なんとかアシモフと連絡がつき、会うことになりました。

1964年5月、アシモフに会うため、ボストン大学の彼の研究室に赴いた。夫の母の強い勧めで、着物を着て出かけた。

挨拶をしてすぐ、「私はこういうものを書いております」とアシモフがテーブルに置いた本。それは、*I, Robot*（1950年刊）『われはロボット』の原書だった。

わたしは頭が真っ白になって、石のように固まってしまいました。今のわたしだったら「わたしもファンなんですよ」とか言えたでしょうが、10秒くらい何も言えなくなってしまったんです。

芙佐さんの沈黙には、理由《わけ》がある。

「10年留保」という1970年改正前旧著作権法の規定にしたがって、『われはロボット』は1963年に早川書房から刊行された。

簡単に説明すると「10年留保」とは、「特定の国で1970年までに刊行された原著作物が発行されてから10年以内に日本語の翻訳物が発行されなかった場合、翻訳権の保護期間が消滅する」というもので、この規定に従えば、著作者アシモフと契約する必要なく翻訳出版できた。

しかし、当時の著作権法に基づいているとはいえ、アシモフが気持ちのうえで納得できない可能性も大きいので、今回のインタビューでは、小尾芙佐訳でこの本を翻訳していることは、アシモフに言わないことになっていたのだ。

気まずい沈黙ののち、すぐにインタビューが始まった。アシモフは、3歳まで住んでいたソ連とアメリカのSF作品の違いや、自作で好きなのは、長篇なら『はだかの太陽』、短篇では「停滞空間」（ちょうど「SFマガジン」のその年の5月号に掲載）で、SFは社会批判の手段であることなどを語ってくれた。

「SFマガジン」を手渡すと「いつもながら美しい本ですね。お粗末なアメリカの雑誌とは比べものになりません」と感心し、芙佐さんに「戦争中あなたはいくつでしたか？　戦争のことをおぼえていますか？　我々の国が原子爆弾を使用したことに、私は深い罪をおぼえます」とも語った。

こうしてインタビューは無事に終了。アシモフが運転する車でレストランに行って食事をし、アパートまで送ってもらった。『われはロボット』の初版本をもらい、サインもしてくれた。そこには、

My Charming visitor from Japan

と書かれていた。

「これがビジターではなくトランスレーターだったら……」そう思わずにはいられなかったが、インタビュー原稿を書き上げ、航空便で原稿を送った。

こうして掲載された記事「ミスターSFとの一時間　ボストンにアシモフを訪れる」を「SF

マガジン」1964年10月号から少し紹介しよう。

白衣を着た学生や秘書たちがたむろする中から、写真で見おぼえのある顔がさっと立ちあがり、「やあ、アシモフです」と言った。褐色の髪、青い瞳、五尺六、七寸はあろうか、がっしりした体軀を紺色の背広で包んでいる。……小さなテーブルを前に腰をすえたアシモフは、「眼鏡をとった方が話がしやすいんですよ」と、太い黒縁の眼鏡をはずした。（略）「日本では、私の名前はどう呼ばれていますか？」と、アシモフが低いはりのある声で訊いた。アシモフですと答えると、ふうんと子供っぽい笑みを浮かべながら、「ここではアジモフと呼んでいます」と、言った。

「ＥＱＭＭ」に子連れ旅行記を連載

渡米後、芙佐さんが福島氏宛てに出した何通かの手紙を読んだ「ＥＱＭＭ」の当時の編集長・常盤新平さんが、アメリカ滞在記を書くように言ってきた。「女流《ママ》翻訳家世界を行く」という表題で、「ＥＱＭＭ」64年12月号から3回連載された。親子3人のボストン暮らしの様子が窺える。

ハーバード大学のキャンパスをのぞむ古色蒼然としたアパート、その管理人のおじさんの話、日本にまだなかったスーパーマーケットで売っているベビーフード事情、レストランやホテルで欠かせない煩雑なチップの悩み、それまで冷淡だった街の人たちが、赤ん坊連れになったとたん、

スーパーマーケットの一隅に並んだベビイフッドを見つめる筆者

女流《ママ》飜訳家 世界を行く（2）

小尾芙佐

たべものの話

ケンブリッジの町
・シーフッド・ショ
た魚屋がある。白い
よいおじさんに、こ
と訊くと、うちの魚
このおれだっていき
たたいて笑う。
金曜日はカトリッ
に魚の種類も豊富
び、ほたて貝、かき
い、まぐろ、さけ、
にた小魚などがガラ
ぶ。土地の人たちがい
どの白身の魚、かき
でまぐろのどてなど
おおかた日本人むけ
う。このあたりはヘ
本人留学生が多く、
がこの店に集ってく
心得たもので、サシ
刺身にこしらえてく
おじさんの包丁さ
本の魚屋のように鮮
ない。尾頭つきにし
尾は大きなはさみで
まうし、眼玉はえぐ

（上）アイザック・アシモフと小尾芙佐さん。（写真提供：小尾芙佐）

（下）「EQMM」1965年1月号より。タイトル左横の写真には「スーパーマーケットの一隅に並んだベビイフッドを見つめる筆者」とある。本文では、スーパーマーケットに行くと、マーガレット・ミラーの *The Fiend* に出てくる「週末の買物客のように意気ごんでカートを押した」という言葉が生き生きと感じられる、と記している。

愛想がよくなったという夫の驚き、生後5か月の娘が突然発熱したときの、医者を相手の一騒動、ニューヨークのホテルで、娘をベビーシッターに預け、『ウエスト・サイド・ストーリー』を観たときのスリリングな体験などが綴られている。

オートスクールに通って自動車免許をとったときの苦労話もある。

> アメリカ人が〝ウーマン・ドライバー〟と言うとき一種独特のひびきがある。彼らは、嘲笑と憐憫と諦観をまじえて吐きだすのである。ロージャーという教師もそうだった。乱暴な車がいれば、まず「おお、ウーマン・ドライバー！」である。そしてたしかに十中八九、それは女性の車だった。すると彼はしたり顔で私を見る。そして、「女なんて乳母車でも押してりゃいいんだ」と言う。私もそれにはまったく賛成だった。（「ＥＱＭＭ」１９６４年12月号）

ちなみに、「まったく賛成」と芙佐さんが言ったのは、彼女自身はスピード恐怖症で運転などまっぴら、乳母車を押しているほうがよかったからだ。運転免許を持っているのに、運動神経が鈍いからと、一度も運転しない夫に唆《そそのか》されたにすぎない。

以後35年、夫を助手席に乗せて、恐怖の高速道路や石ころだらけの山道を走ることになる。

そして、フィリップ・Ｋ・ディックの『火星のタイム・スリップ』（１９６６）、アーシュラ・Ｋ・ル・グインの『闇の左手』（１９７２）、アン・マキャフリイの「パーンの竜騎士」シリーズ

1965年ごろ、実家（阿佐ヶ谷）の自宅にて。後列左から：妹の夫・飯沢信一、父・神谷精一、母・神谷田鶴子、夫・小尾恵一郎、前列左から：妹・飯沢滋子、芙佐、最前列：娘・祐加。

などにもめぐりあえて、翻訳の仕事が楽しくなっていた。

『アルジャーノンに花束を』との再会、そして翻訳

1969年のある日、芙佐さんが早川書房の編集部を訪れると、福島正実さんが「これ、訳してみませんか」と1冊の本をさしだした。見ると1966年刊行の長篇の『アルジャーノンに花束を』だった。

「これを訳すのは稲葉さんじゃないんですか？」と尋ねたが、稲葉さんはもういいと言っているから、と福島さんに言われ、「ぜひ、やらせてください」と答えた。

あとから考えてみますと、福島さんは1969年に早川書房を退社なさっておられ、わたしにこの本をお渡しになって辞められたんだなと気づきました。この原著だけは、早川書房に返さずに手元に置かせていただいています（笑）。

『アルジャーノンに花束を』の原著は、中篇が1959年に発表されヒューゴー賞を受賞。稲葉由紀訳で「SFマガジン」61年2月号に掲載されたことはすでに触れた。中篇発表から7年後の1966年に再登場した長篇もネビュラ賞に輝いたが、刊行までには険しい道のりだったことは『アルジャーノン、チャーリイ、そして私』（早川書房）に詳しく書かれている。

主人公チャーリイ・ゴードンの手記は、最初は知能指数が低いということで稚拙で幼い文章。それが次第に変化していく。その言葉づかいや文体が、原著の英語でも、翻訳する際の言語でもひとつの鍵となっている。

冒頭のチャーリイの「けえかほおこく」をいかに訳すか。芙佐さんは、チャーリイの「間違った」英語のスペルを表すために、日本語で存在しない活字を作ってもらおうとした。当時は活版印刷だったので、鉛の活字を削って製作するのを「作字」という。しかし、担当編集者から、予算的にそれは不可能だと言われた。

わたしはずっと、原文に忠実に、ということで翻訳をしてきたので、じゃあどうしようかと、夫も一緒に考えていたとき、むかし読んだ天才画家・山下清さんの『放浪日記』が思い浮かんだんです。品切れで書店では入手できなかったのですが、地元の図書館にあったので、何度も何度も読んで、山下清さんの文章の特性を頭に刻みこんでから、チャーリイの英文を日本語にしました。

こうしてでき上がった訳文は、１９７８年に翻訳出版され、現在も版を重ねるロングセラー。芝居にもなっている。

翻訳出版から14年後の１９９２年、原著者のダニエル・キイスさんが初来日して芙佐さんに会ったとき、彼は真っ先に、冒頭部分をどのように訳したかと質問した。山下清のことを話したところ、キイス氏も、チャーリイと同じくらいの知能の少年の文章を参考にしたと言い、「作者と訳者が、期せずして同じことをやっていたんですね」とほっとした顔をしていたという。

後日、芙佐さんのもとにキイスさんから小包が届いた。それは、銀細工のねずみのイヤリングで、添えられたキイスさんの手紙には次のように書かれていた。

「これをみるたびに、〈アルジャーノン〉は、私と貴女の心のあいだに通い合ったもののシンボルであることを思い出して下さい……」

２０１４年、キイスさんが亡くなった。共同通信配信の追悼文に芙佐さんは、このイヤリングに触れて、こう記した。

私はいまもそれを目の前において、キイスさんの温かな心と冴えた目を偲びながら、ありがとう、キイスさん、と心のなかでつぶやいている。（「信濃毎日新聞」２０１４年6月23日）

30代で中篇を初めて読んだときは、ただただ、感動の涙でした。40代で長篇の翻訳をしたときは、残酷だなあ、と涙をこぼしながら訳していました。

キイスさんの追悼文を書くにあたって、読み終わってみたら、今度はホッとしたんです。チャーリイは救われたんだな、と感じました。自分の年齢によって、同じ作品の感じ方が、こんなふうに変わるんですね。

不可能なことを可能にしなければ

ある日、早川書房の編集部を訪れると、福島正実編集長が晴れ晴れとした笑顔で現れ、「きょうはいい人に会いに行くんです」と芙佐さんに告げた。それが、浅倉久志だった。

すでに「SFマガジン」で翻訳をしていた伊藤典夫とともに、SF同人誌の同人でもあった浅倉久志は、会社員を辞めて翻訳家になる。SFに対する情熱と造詣の深さは、だれも及ばない。芙佐さんにとっても救いの神、これまでほどSFの翻訳に追われることがなくなった。

おかげで、『第三の女』（クリスティー、ハヤカワ・ポケット・ミステリ、1970）、『ママは何でも知っている』（ヤッフェ、ハヤカワ・ポケット・ミステリ、1977）など、ミステリの長篇も手がけるようになる。

当時は、出版記念会などパーティーがよく開かれ、その席上で、伊藤典夫や浅倉久志とよく話をした。伊藤典夫訳、カート・ヴォネガット・ジュニアの『猫のゆりかご』を読んだ芙佐さんは、たちまちヴォネガットのファンになる。

この二人に、キャロル・エムシュウィラーの「順応性」（「SFマガジン」61年9月号掲載）の訳を褒められたときは、本当にうれしかった。

浅倉さんの音頭とりで、深町眞理子さん、大村美根子さん、山田順子さん、佐藤高子さん、鎌田三平さん、白石朗さんの総勢8人が集まり、深町さんが〈エイト・ダイナーズ〉と命名して、お酒と食事とおしゃべりをたびたび楽しみました。

と懐かしむ。

2010年、浅倉久志が79歳で逝去。〈偲ぶ会〉で芙佐さんは、「仕事の上で困ったときは、いつも浅倉さんに電話して助けてもらいました」と語っている。

これまでつきあいのなかった出版社からも仕事の依頼がくるようになった。

角川書店からはゴシック・ロマンのビクトリア・ホルト『流砂』(1971)、『女王館の秘密』(1977)、『愛の輪舞』(1982)など。珍しく女性からファンレターが何通も寄せられた。ファンタジーでは、ホールドストックの『ミサゴの森』(1992)など。

ルース・レンデルの『ロウフィールド館の惨劇』(1984)は、都筑道夫、小泉喜美子などのミステリ作家に高く評価され、レンデル・ブームが起きる。『死のカルテット』(1985)、『悪夢の宿る巣』(1987)、『引き攣る肉』(1988)など、ミステリの翻訳も堪能した。

文藝春秋からは、ジュリー・ユルスマン『エリアンダー・Mの犯罪』(1987)のあと、スティーヴン・キングの『IT』(1991)を依頼された。あまりの長さに引き受け手がいないという原稿用紙3800枚のその大作を、芙佐さんは即座に引き受けた。

上下2巻を2年がかりで翻訳しながら、キングのエネルギーに圧倒された。原文には聞き慣れぬスラング、ことに子どもたちのスラングが飛び交っており、アメリカで小学校の教師をしていた津田塾時代の友人に助けを仰いだ。

大事なのは、原文を十二分に理解すること。疑問があれば、ネイティブをはじめ、その道の専門家に尋ねます。だから、原文を読み込むのに時間がかかります。翻訳にとりかかるのはそれから。何度も推敲を繰り返し、ゲラが出ればまた推敲。ゲラが真っ赤になって、担当の方に迷惑をかけます。でも、翻訳者にとって、優秀な編集者、校正者は宝です。彼ら、彼女らがいなければ、上質な翻訳の完成はありえません。

そして、それまで手書きを続けていた芙佐さんが、『ＩＴ』に取り組むとき、ワープロの導入を決心した。

ゲラに４Ｂの鉛筆で「ごちゃごちゃ」書きこむため、ワープロ導入は編集者たちには喜ばれたらしい。「業界2位の字の汚さ」という定評もあり、「深町眞理子さんや朝倉久志さんのような、きれいな字を書く方がワープロなんですよ、小尾さんも手書きを卒業なさったらどうですか」と説得する編集者もいたようだ。

児童ものの仕事も多い。これは、ＳＦの理解者はまず子どもたちだと考えた福島正実たちが「少年文芸作家クラブ」を立ち上げ、岩崎書店や、あかね書房など、児童ものを出している出版社に売りこんだことが影響している。

キングの『IT』を引き受けることになって導入にふみきった初代ワープロと小尾さん。親指シフトだ。（写真提供：小尾芙佐）

芙佐さんも、福島氏にすすめられて、翻訳したSFを児童向けにリライトしている。アシモフの『うそつきロボット』（初版の題名は『くるったロボット』）は今でも版を重ね、ほかにも、『ロボット自動車・サリイ』（アシモフ、以上岩崎書店）、『惑星ハンター』（アーサー・K・バーンズ）、『銀河系防衛軍』（エドワード・E・スミス、以上あかね書房）など。早川書房から児童書として出版された『夜中に犬に起こった奇妙な事件』（マーク・ハッドン）は産経児童出版文化賞を受賞した。

SF以外ではソーン『キュリー夫人　知と愛の人』（文研出版）やパール・バック『大地』（集英社）なども、原作から子ども向けに抄訳している。

学生時代に歯が立たなかった古典に取り組む

その昔、光文社のミステリ雑誌「EQ」（1978年創刊、99年休刊）から短篇を頼まれたことがあったが、2005年、その光文社から古典新訳文庫の翻訳を依頼される。

さまざまな分野を手がけてきたが、英文学の古典は未知の世界。あたえられた作品は、シャーロット・ブロンテの『ジェイン・エア』。何十年ものあいだ、多くの先達が取り組み、多くの読者を得て、映画化もされている古典の新訳である。ためらいもあったが、原書を読み進むうち、登場人物、時代背景、イギリスの自然など、イメージがふくらんでいった。ロチェスターとジェインの魅力が、仕事を押し進めてくれたようだ。

2006年に新訳『ジェイン・エア』が刊行された。

「次は、ジェイン・オースティンの『高慢と偏見』ですね」と編集者に言われたときは、さすがの芙佐さんも即答できなかった。津田塾時代にテキストとして読まされた作品、あまりの難しさに、最後まで読み通すことができず、楽しめなかった。そうした思い出が、頭に刷り込まれていた。

「SF翻訳家の小尾さんが、なぜ？」と首をひねった読者もいたようだが、この作品に対する特別な愛着については、「訳者あとがき」に綴られている。

原書を読み始めると、原文の独特の長い構文に悩まされた。読み解くだけで、1年ほどの歳月を要した。いざ翻訳にとりかかると、さまざまな疑問が生じた。あの時代、さまざまな環境に生きる人々の言葉遣いにも苦労した。

エリザベスとダーシーが、心を開き合い、親しくなってからの微妙な変化も、会話に現れなければならない。

苦労はしましたが、むかし好きだった戯曲を訳しているような心地がして、楽しかったです。

結婚式と出産の前後を除けば、ほぼ休みなしに、ずっと翻訳を続けてきた。

夫は死の前年、付箋をつけた1冊の本を芙佐さんに渡した。それはギッシングの『ヘンリ・ライクロフトの私記』（平井正穂訳、岩波文庫、1961）だった。

私がイギリスに生まれたことをありがたく思う多くの理由のうち、まず初めに浮かぶ理由の一つは、シェイクスピアを母国語で読めるということである。

この一文に傍線がひかれていた。
もし翻訳でしかシェイクスピアを読めないとしたら、「ぞっとするような絶望感」を覚えると作者は言っているのだ。

翻訳という仕事は、異なる文化のしみついた言葉を、別の異なる文化のしみついた言葉におきかえていくこと。ライクロフト氏に言わせれば、不可能なことをあえて可能にしなければいけない仕事なんです。読者に絶望感を覚えさせるようではいけない、心して仕事をせよ、という夫のメッセージだったのだと思います。

長い間、翻訳を続けてきたおかげで、最近は四十数年前に訳した自分の作品が改版になり、手を入れるよう出版社から依頼される機会がある。
原書と1行1行照らし合わせながら訳文を見直していくと、ゲラはそれこそ赤字で真っ赤になる。当時の翻訳の未熟さもあるが、言葉が時代とともに古びていくのを実感できるという。若いひとが知らないような言葉、もはや社会に受け入れられない言葉もある。しかし、若者が知らないから使わないというのもおかしい。わからなければ学べばよい、と芙佐さんは考えている。使わなくなれば、言葉が貧しくなってしまう。

これまで、自分から出版社に作品を持ち込んだことは、一度もありません。いつも与えられるものを、一度も拒むことなく訳してきました。でも、幸いなことに、〝これは小尾さんに訳してもらいたい〟という編集者からの特別のご指名が、間々ありました。それが、『アルジャーノンに花束を』や『IT』であり、『消えた少年たち』や『くらやみの速さはどれくらい』であり、『夜中に犬に起こった奇妙な事件』でした。
訳書は100冊をこえていますが、近ごろ、たとえ求められることがなくても、これだけは訳しておきたいと思う作品に出会うことができました。幸せに思っています。

休むことなく、拒むことなく、仕事を続けてきた。きょうもまた、芙佐さんはゲラと向かいあっている。

最後に、光文社古典新訳文庫の「訳者あとがき」から小尾さんの思いの一端をご紹介する。

『ジェイン・エア』C・ブロンテ　２００６年11月刊
数十年の時を経て、あらためて原作を読みおわった自分に、よもやこのような感動がもたらされようとは思いもよらなかった。心を昂らせながら翻訳を進めるうちに、いくたびか、こみあげる涙を押さえきれず、年代物のワープロの横においてある作者シャーロット・ブロンテのポスト・カードのような小さな肖像画に向かって、胸のうちで思わず話しかけることさえあった。

『高慢と偏見』オースティン　２０１１年11月刊
私がはじめてオースティンに出会ったのは、いまから五十数年前、大学の教室だった。（略）『これはイギリスのアッパー・ミドルの家庭の平凡な日常生活の描写からはじまって……』と講義をはじめられた近藤いね子先生のお顔がいまでも目にうかぶ。毎日辞書と首っぴきで原文と格闘し、講義に臨めば、『ではこのパラグラフをお訳しなさい』といつご指名があるかと戦々恐々としていたから（略）近藤先生の名講義もうわのそらで聞いていた。
（略）
だが運命はオースティンとの再会を私に用意してくれた。十年近く前のある日、亡き夫の書棚に *Pride and Prejudice* の訳本をたまたま見つけ、なにやらなつかしくそれを引き出して読みはじめたのである。学生時代なんの感興も湧かずほうりだしたその作品にぐいぐいと惹きつけられ、私は夜を徹して読みふけった。

この再会からしばらくして、芙佐さんは野上彌生子の1926年の日記を読んでいて、『高慢と偏見』を絶賛する記述を発見した。

さらに、ガブリエル・ゼヴィンの小説 *The Storied Life of A.J.Fikry* を翻訳することになり読んでいたら、登場人物が『サイラス・マーナー』を好きな小説として挙げていた。

しかも重要な意味を持つ古典作品として。「なぜ、あの守銭奴の話が？」と首をかしげながら、半世紀ぶりに『サイラス・マーナー』を読んでみたんですね。「えぇー!?　こういう話だったの！」と本当に驚いた（笑）。

芙佐さんは、疎開先の長野で、敗戦後にできた英語塾の教材として『サイラス・マーナー』に出会っていた。

今でも覚えていますが、表紙に機織りをしているサイラスが描かれていて、その暗い絵と英文を読んだ印象から、「サイラス・マーナー＝守銭奴」というイメージができ上がってしまいました。エリオットの原書ではなくて、高校生向けにわかりやすく要約した短いテキストでした。後半の話は省略されていたように記憶していますが、単にわたしがそこまで読まなかったということかもしれません。

（上）著者をドライブに連れて行ってくれる運転席の小尾さん。2017年軽井沢にて（撮影：大橋由香子）
（下）小尾さんの３代目のワープロ。富士通オアシス 70DP-S。

ガブリエル・ゼヴィン著『書店主フィクリーのものがたり』(早川書房)は、第13回本屋大賞を受賞し、『サイラス・マーナー』の翻訳は、2019年に光文社古典新訳文庫から出た。本に出会うタイミングには、不思議なつながりや、連鎖反応のようなものがある。人との出会いと同じかもしれない。

コラム――彼女たちのまわりにいた人や本

小尾芙佐さんのお宅に初めて伺ったのも、光文社古典新訳文庫の立ち上げ時、『ジェイン・エア』をお願いするときだった。調べもののお手伝いに始まり、原稿を受けとり、ゲラが出て、赤字やエンピツについてのやりとりを重ね、再校になってからも『ジェイン・エア』について熱く語っていた。

「あのときのロチェスターが……」「あそこでジェインが××するのが本当に○○よね」

私が再び小尾宅を訪れたのは、本書掲載のインタビュー、そしてワイルド『幸福な王子/柘榴の家』(2017)、ジョージ・エリオット『サイラス・マーナー』(2019)のゲラのやりとりでだった。最初は緊張して入っていった居間が、ほっとする空間になっていった。『幸福な王子/柘榴の家』の「訳者あとがき」を読むと、幼い芙佐さん(伸子さん)の姿が思い浮かぶ。

わたしの読書遍歴は、まず絵本からはじまる。父親が買ってきてくれる絵本は、紙の厚い大判の本で、お伽噺《とぎばなし》の主人公たちが画面いっぱいに動きまわっていた。そんな絵本の記憶のなかに、黄金に輝く情け深い王子さまの像とルビーを嘴《くちばし》にくわえたかわいい燕の姿、灰色になった王子さまとその足もとに息絶えて転がっているかわいそうな燕の姿が浮かんでくるのだが、そんな絵本が当時存在していたかどうかはさだかではない。

敗戦後の長野では映画に夢中になる。高2のときから、放課後、映画をみては黒い手帳に感想を記していた。(「鎌倉ペンクラブ」No.22 2020参照)

十二月五日『ハムレット』映画がおわっても、涙はあふれつづけ、文字通りの慟哭。

三月十七日の終業式後には『裸の町』を観る。探偵映画にあれだけのユーモアとウィットを盛った制作者に敬意をはらう。(略)『狂恋』主演ジャン・ギャバン、女を殺して自分も死ぬという筋書きにはもう飽きた。古くさい。

五月、『ユーモレスク』、『四つの自由』、『めぐり逢い』、なんで女になんか生まれたんだろうとなぜか知らぬが、このことを強く感じた。

大学に入学してからは新宿の映画館に通い、やがて翻訳の仕事に邁進《まいしん》する。
手書き原稿に関して、深町眞理子さんと小尾芙佐さんが対照的であることはご本人たちが語っているが、スティーブン・キングの翻訳について、同じくキングを訳した白石朗さん、芝山幹郎さんとの座談会では、次のように話している。

小尾　『ザ・スタンド』の完成、おめでとうございます。
深町　四百字原稿用紙にして約四千七百字になりました。ずいぶん長くかかっちゃって。
小尾さんが『IT』を訳されたときはいかがでしたか？
小尾　いろいろ調べるのに1年くらいかかって、訳し始めてからは2年くらいでしょうか。それまで翻訳していた英語とまったく違う英語だったから大変でした。特に子どもの会話がね。スラングがいっぱいで……。（略）『死の舞踏』でキングが、『ザ・スタンド』を毎日浮き浮きしながら書いたって言ってるんですが、わかりますよね。（略）私も『IT』を訳したときは、浮き浮きとまではいかないんですけど、ワープロに向かうのがものすごく楽しくって。
（「スティーヴン・キングはなぜ面白いんだろう」「本の話」文藝春秋、2001年1月号）

そして、ピアノ。
海を渡ったピアノで練習をした眞理子さん。疎開先の高校で、朝早く講堂に行ってひいていた芙佐さん。それから歳月をへて、ご自宅の居間には、それぞれにピアノがあった。コロナ禍で会う機会が減ってしまったなか、お二人はたまに電話でお話しなさっていたそうだ。

出かけられない間もずっと翻訳にとりくんでいたジョージ・エリオットの *The Mill on the Floss* は、２０２５年に刊行予定。これだけは訳しておきたい、と思った作品である。

Vol.4

松岡享子

「ヘンリーくん、パディントン、ブルーナ
お話も翻訳も、子どもが喜ぶと、もっと喜ばせたくなる」

松岡享子（まつおか・きょうこ）
1935年3月12日兵庫生まれ。神戸女学院大学英文学科、慶應義塾大学図書館学科卒業、ウエスタンミシガン大学大学院児童図書館学専攻、ボルティモア市立イーノック・プラット公共図書館や大阪市立中央図書館勤務を経て、家庭文庫「松の実文庫」を開く。東京子ども図書館名誉理事長。訳書にガース・ウイリアムズ『しろいうさぎとくろいうさぎ』、エリノア・ファージョン『町かどのジム』、ベバリイ・クリアリー「ゆかいなヘンリーくん」シリーズ、マイケル・ボンド「パディントン」シリーズ、ディック・ブルーナ「うさこちゃん」シリーズ、エリーズ・ボールディング『子どもが孤独《ひとり》でいる時間《とき》』ほか多数。著書に絵本『おふろだいすき』、童話『くしゃみくしゃみ天のめぐみ』『なぞなぞのすきな女の子』、研究・評論『サンタクロースの部屋』『ことばの贈りもの』『子どもと本』など。2022年1月25日逝去。

姉の本箱にある本を一緒に読む

「女性翻訳家の人生をたずねて」という企画にご登場いただけないかとお手紙をさしあげたところ、最初の松岡享子さんからのお返事に、「自分のことを『翻訳家』とは考えていないものですから」という一文があった。え？　と一瞬、目を疑う。ドキリ。まさか同姓同名の人が別にいるの？

松岡享子さんは、1960年代にアメリカのメリーランド州ボルティモアと大阪で児童図書館員として働いたのち、自宅で「松の実文庫」を開き、家庭文庫の先輩でもある石井桃子さんや仲間たちと、1974年に東京子ども図書館を創設した（2010年公益財団法人になる）。

子どもの本とずっと関わり続けてきたなかで、ご自身を翻訳家と考えていないとは、どういう意味なのか。そして、享子さんにとって、翻訳とはどのような営みなのだろうか。この問いの答えを求めながら、お話を伺うことになった。

「ぼーっとした、へんな子どもだったと思います」という享子さんは、両親と姉と4人で、神戸に住んでいた。

両親は、おふたりとも和歌山の出身。父親は、学校の勉強はよくできたので、授業料が免除される逓信官吏練習所という学校に通った。卒業後、その学校の趣旨である郵便局には勤務せず、神戸の汽船会社に就職した。

母は女学校を出て家庭の主婦になり、1927（昭和2）年に長女（享子さんの姉）が生まれる。その8年後の1935（昭和10）年3月12日が、ふたり目の娘である享子さんの誕生日だ。妊娠中の母の顔つきから「お腹の子は男の子だ」とお産婆さんに言われ、男の子が生まれると会社から金一封が出るということもあり、両親は楽しみにしていた。


ところが、2番目のわたしが女の子だったでしょ。父の日記を見たら、朝から陣痛があったが生まれそうにないので会社に行ったところ11時ごろ生まれたと知らせがあった、というあとに、「女子なりしとのこと、失望す」と書いているのよ。もちろん続けて「無事に大きくなることを願う」と書いてはいるんですけどね。


と笑う。「亨」という名前を用意していたが女だったので、よく働くようにたすきがけをして「享子」にしたそうだ。

こうした反応は戦前の日本では珍しくなかった。もちろん両親は、ふたり姉妹を大事に育ててくれた。

自宅は、神戸の中心地から山へ登る途中にあり、家の前の深い溝には水が流れていた。享子さんの最初の記憶は、お正月に着物を着たとき、「この溝に落ちると危ない」と言われたことだ。

近所には外国人のピアニストの家があるハイカラな雰囲気。坂のもうちょっと上には金星台や諏訪山動物園、そのすぐ下に武徳殿という剣道、柔道、弓道の道場があった。まわりには公園があり、そこに隣接した愛児園という幼稚園に通っていた。

毎朝、近所の女の子と「菊水の坊や」と3人で幼稚園に行った。菊水天満神社（湊川神社境内）か、瓦煎餅《せんべい》の菊水總本店の人のお家だったようだ。

菊水の坊やはいつもぐずぐずしていて、呼びに行ってもなかなか出てこないの。わたしたちふたりが階段でずーっと待っていると、彼はゆったりと爪楊枝を口に挟んで現れる、幼稚園児がよ（笑）。それで3人はいつも遅刻。幼稚園に着くと、もう体操とかが始まっていて、優しい森先生が、すぐにわたしたちの鞄をはずしてくれます。それで叱られるわけでもなく、次の日もまた菊水の坊ちゃんを待っていて遅くなるという感じでしたね。

天長節（天皇の誕生日）の歌を幼稚園で歌ったのも覚えている。

「ひかり遍《あまね》き君が代を　祝え、諸人《もろびと》もろともに」という歌詞の「もろびと」を、松岡さんは「もろみ」と思いこんでいた。和歌山の祖父母の実家に、もろみ味噌や金山寺味噌があったからだ。

また、8歳年上の姉用にはガラスの開き戸のついた本箱があったものの、自分は親に本を読んでもらった記憶はないと『子どもと本』（岩波新書、2015）に書いている。

戦争前は、幼稚園であんな歌を歌っていたんですね。

本についても、自分が覚えていないだけで、実際には親に読んでもらったのかもしれませんね。でも、戦争で物資がなくなった時代だったせいか、わたし用の本はありませんでした。とにかく姉は、ひとりでいるのが嫌で、「お母さん、お母さん」とついて行きたがる。わたしは小さいころから、自分の世界の中に入って満足している子だったから、姉のようには、かまわれない。両親は育児に関しては姉に力を注いだので、覆いかぶさるようにわたしの世話をしなかった。だから自分の世界に入り込むことができて、それがわたしには良かったんです。

ガラス戸つきの姉の本箱にある本は、姉と一緒に読んでいました。もちろん姉のほうが早く読むから、追いつこうと思って必死、あれで速読法が養われたんですね（笑）。お話の本だけでなく、工作の本も姉と読んでいて、「さいくはりゅうりゅう、しあげはごろうじろ」という言葉がすごく印象的で、姉に「なんのこと？」と聞いた覚えがあります。姉も本が好きでしたが、父も子どものころ、麦刈りをさせられると、自分の座る場所だけ刈って、かくれて本を読んでいたと聞いたことがあります。

姉の本はほとんど読んだが、題名の記憶は定かではない。覚えているのは、落合直文の『孝女白菊』、中国の昔話「花仙人」くらい。

本を読んでいると機嫌がよかったが、外でおままごとや缶蹴りもして遊んでいた。

戦争中に知った、「おはなし」の魅力

小学校（当時は国民学校）は山手小学校（現・神戸市立山の手小学校）に入学した。山手小学校は諏訪山小学校と隣り合わせで、昔は男子校と女子校だったのが、享子さんが入学したときは男女共学になっていた。しばらくして担任の先生が出産休暇になったため、生徒は他クラスに分割され、享子さんは身体が弱い人の養護学級に入った。

おはなしの魅力に出会ったのも、このころだった。


先生が「むじな」の話をしてくださったことがあった。ハーンの『怪談』に出てくる、あの話である。聞いている最中、恐ろしさのあまり、頭をかかえて机の下にもぐりこむ子もあったりして、教室内の興奮は大変なものであった。

その後しばらく、わたしたちの間では、むじなごっこが大流行した。手のひらに白いハンケチを隠し持ち、そうっとだれかのそばへ寄って行く。そして、「あんたが見た顔は、こんなんじゃあなかったかね？　ペロリッ……」と言って、顔をなでるしぐさをしながら、すばやくハンケチで顔をおおう。のっぺらぼうのつもりである。やられた方は、「キャーッ！」と叫んで、大げさにこわがってみせる……というのである。（松岡享子『サンタクロースの部屋』こぐま社、１９７８）

やがて戦況が悪化していく。子どもたちは、親類などを頼って空襲のない地方へ疎開する縁故《えんこ》疎開を始めていた。

小学3年生のとき、父にも母にも何も言わないで、学校の先生に「わたし、えんこそかいします」って言っちゃったらしいの。友だちがあっちへ行く、こっちへ行くという話をしていたから、自分だけ行くところがないと困ると思ったんでしょうね。縁故疎開できない人は、後で集団疎開になったんです。

疎開先は、母方の祖母の家なので、うちを離れるのが寂しいとも、あまり思わなかったわね。姉は女学生なので、軍司令部に接収された神戸教会に自宅から働きに行っていました。学徒動員です。

母の実家は、昔、旅館をしていたという広い家で、土間を入ると畳の部屋がいくつもあり、母の弟一家が住んでいた。奥にある離れに祖母が暮らしていて、享子さんはそこで寝起きした。地元の子どもたちにいじめられた辛い体験を持つ疎開経験者も多いが、どうだったのだろうか。

疎開先の粉河《こかわ》小学校には疎開してきた子が3、4人いましたが、わたしはちっともいじめられなかったの。和歌山に着いた瞬間から、「わたし」「あんた」という言葉をやめて、「あて」「おまん」という土地の言葉を使ったからじゃないかしら。名古屋から来た造り酒屋の大きな元気な子は、名古屋弁でしゃべるから、それをからかわれていたけど、わたしはそういうことはなかったですね。

いじめられなかっただけでなく、疎開体験はとても幸せだったという。受け持ちではない男の先生が可愛がってくれたし、鉄筋コンクリートだった神戸と違い、粉河小学校の木造校舎はとても印象深かった。低学年の教室は平屋で何棟か並んでいて、渡り廊下の木のスノコをガタガタガタと渡る。2階建ての校舎も別にあり、2階は高学年の教室だった。

宮沢賢治の「風の又三郎」を読んだとき、あの学校の平屋の校舎が思い浮かびました。有島武郎の「一房の葡萄《ぶどう》」を読んだときは、2階建ての校舎のイメージ。そのくらい、粉河小学校の木造校舎は心に残っています。

農繁期は学校が休みで、祖母の家は農家ではなかったけど、近所の農家の手伝いに行くの。田植え、草とり、イナゴとり、刈り入れ、株おこしを一通り体験できました。特に、刈り入れの後の株おこしは、稲の根っこに、それ用の特別の鍬《くわ》をヒュッと入れて、ちょっと起こして、土にすき込む。それが土の栄養になるのね。だんだんコツを覚えて上手になると、一定のリズムで体が動いて、すごく心地よかった。呼吸と動作が一緒になると疲れないんです。田んぼに入れば、足の指の間から泥がニュルニュルと出てきたり、ヒルが吸いついたりする

皮膚感覚も味わえて、2年間の疎開生活は、わたしにとってほんとうに貴重でした。

母屋の2階に下宿していた女学校の男の先生から、ドイツの幻想的な短篇集を2冊もらった。ノヴァーリスかシュトルムか記憶は定かではないが、それまで読んだ本とは異質な感じがしたという。本が好きな松岡さんも、疎開中は読書より農作業やわらじ作りに夢中だった。

疎開というと食べ物がなくひもじい思いをした人が多いが、享子さんの祖母の家でも、お米はなく、小麦とかぼちゃの雑炊を食べていた。それでも果物はたくさんあった。

こんな「事件」もあった。草を刈り、干して束ねて2貫目を持っていくという夏休みの宿題が出た。2学期が始まり登校する日、祖母が秤《はかり》にかけてみると、2貫目に足りなかった。すると祖母は、干し草の束に水をかけた。

享子さんの正義感からは、ごまかしであり、許せない。しかし祖母は、そもそも都会から来た子と田舎の子に、同じ課題を出すのは間違っている、と言う。

水なんかかけないで！　と動揺したわたしが叫んでも、祖母は全然動じないんです。学校に行ってからどうなったのかは、全く記憶にありませんが、生活している人の道徳律と、学校で教える道徳や善悪との間には、齟齬《そご》がある——それを体験した最初の出来事でした。

空襲で焼け野原になった神戸での小学校生活

1945（昭和20）年夏、日本は戦争に負け、やがて親が迎えに来て享子さんは神戸に帰った。しかし、自宅は空襲で焼けてなくなっていた。垂水《たるみ》にできた父の会社の社宅に住むことになり、小学5年生の途中からまた別の小学校に通うことになった。

郊外で焼け残った垂水小学校には、疎開先から戻ってきた子や空襲で家を焼かれ引っ越してきた子が押し寄せ、転入生だけで70人くらいの1クラスができたほど。教室は後ろの壁まで机と椅子がびっしり。教室も足りないので、しばらくは1日を何回かに分けての2部授業か3部授業だった。

歴史の教科書では、イザナギノミコトとか墨で消してましたね。先生に「何行目、ここからここまで」って言われると、そういうものだと思って消していました。わたしと同じ年代の児童文学者・山中恒《やまなかひさし》さんは、戦争中の軍国教育から先生たちがコロッと態度を変えてショックだったと言うけれど、わたしはぼーっとしていたんでしょうね、理不尽だとか、そういう感覚はありませんでした。終戦の日のこともそうだし、大事なときのことは、繭《まゆ》に入っていたみたいに全然覚えていないんです。

それでも、享子さんの頭から離れない教訓があった。

作文といえば「戦地の兵隊さんを思い、銃後の守りを固くし、看護婦さんになってお国のために尽くしたい」と、要求されているように書くものだと思い込んでいた享子さん。ところが、6年生の担任になった濱田先生は、そうした建て前ではなく、自分が本当に感じたことを書く大切さを教えてくれた。

食糧事情は神戸に戻ってからのほうが大変でした。母はわたしたちに食べさせるのに苦労していたと思いますね。買い出しに行ったり、煮炊きする薪もないから、近所の山に探しに行ったりしていました。実際は盗伐ですね。親に守られていたので生活の苦労は感じませんでした。

戦後の新しい小学校生活は、1年半で終わった。

1946(昭和21)年春には、戦後の学制改革で新しくなった新制中学、霞ヶ丘《かすみがおか》中学校に入学する。やはり校舎は焼けてしまっていて、最初は商業高校に間借りしていた。コンクリートの建物はあるものの、窓ガラスも机も椅子もなく、床に座って膝にノートを置いて書いていた。途中から、陸軍の軍馬の厩舎《きゅうしゃ》に移った。屋根は杉の皮を葺《ふ》いただけ、窓には角材が打ちつけてあるだけでガラス戸もない。馬小屋だから床はなく土の地面のまま。のちに屋根の下に天井らしきものができたが、素材は馬糞紙《ばふんし》(繊維を圧縮したフェルトのような見た目）で、文字どおり馬糞と同じ茶色がかった黄色、雨が降ると溶けて破けて落ちてきた。

この「戦後のどさくさ」も、享子さんにとっては良い環境だった。

京都帝国大学を出たばかりの若い社会科の先生は、最初の授業で「石《いわ》走る垂水《たるみ》の上のさわらびの萌え出づる春になりにけるかも」を教えてくれたので、万葉集の歌と垂水の地名が重なった。この先生のあだ名は「ケルカモ」となる。「ケルカモ」先生からは、下部構造やボルシェヴィキ、ヴ・ナロード（民衆のなかへ）なども教わった。戦時中は危険思想と禁じられていたマルクス主義が勢いを持った時代だった。

口角泡を飛ばすという言葉がありますが、ボルシェヴィキと言うとき、先生は文字通りツバを飛ばしてました（笑）。マルクス主義が何なのか、わけもわからず聞いていましたが、ボルシェヴィキという言葉は、しっかり覚えていますね。

肋膜《ろくまく》か何かの病気で兵役を免れたような青白い国語の先生は、いつも『レ・ミゼラブル』の物語を語ってくれた。ときには、校外の野原で自由に遊んできて五七五を一句作ってくるという授業もあった。その後の著書『子どもと本』に、「ジャンヴァルジャン先生」として登場している。

軍服にゲートルを巻いた姿の先生もいた。授業開始の鐘がなっても先生がこないので呼びに行くと、職員室にしかない暖房＝火鉢をまたいで暖をとっていて、一向に教室に向かう気配もない。この先生は、友だちが体育館の屋上から落ちたと報告に行ったところ、慌てず、さわがず、ひとこと「死んだか?」と言った。戦地でどんな経験をしたのだろうか。

なんでもありの時代でしたね。大人たちは、戦争の後遺症やトラウマがあったり、そもそも食べていくのに必死だったりで、子どもたちは放っておかれ、自主的に遊んで暮らしていました。教室にコの字形に机を並べて、先生に向かって正面は真面目な子たち。左と右の列が、女子のやんちゃ組、男子のやんちゃ組で、わたしもやんちゃの列でした。女子が変な顔をして向かいの男子を笑わせると、彼らは先生に怒られるわけです(笑)。先生がこないときは、女の子たちは風呂敷に入れてきた道具を出して、5、6人で人形ごっこをします。本で読んだことや授業で聞いたこと、大人から聞いたことを劇にしていました。

例えば、人形を西園寺公望《さいおんじきんもち》にして腕組みさせる。各国代表の人形たちは「あの人、何を言うのだろう?」「何か言いそうだ」と期待している。しかし西園寺は腕を組んだまま、結局何も言わなかったという国際連盟の人形劇ごっこなど。

人形を男子が取り上げることもあった。男の子たちは分担を決め、人形を次から次にリレーして逃げる。女子は女子で、取られないように、これまた分担を決めて防衛する。校庭を走り抜ける最後の男子の、お下がりの黒いダブダブなジャンパーが風でふくらんでいる姿を、今も覚えている。

生徒の教室には暖房もなく、寒くなると押しくらまんじゅうをした。めいっぱい遊んでいた中学時代だが、英語の勉強は好きでがんばっていた。

夏期講習でいつもと別の先生に教わったことがあります。その先生が「Good morning は、I wish you a good morning. あなたに良い朝が来ますように、という意味だ」と教えてくださったの。それは今でいうカルチャーショックでした。コップが cup であるのと同じように、おはよう＝Good morning. と置き換えられる認識しかなかったのに、Good morning. に意味があるなんて、へーー！　って驚きでした。英語圏の人たちの文化が、英語という言葉のなかに流れているのを認識した初めてのことでした。言葉とは、生活習慣や思想や価値観が含まれているということを理解したんですね。２年生のときだったかな。

英語の先生が、授業とは別に、何人かの生徒たちを集めて英語を教えてくれた。その会場は享子さんの家だった。

もちろん、本を読むのはずっと好きだった。学校の帰り道、読んだ本の内容を友だちに語って聞かせた。友だちだけでなく、通りがかりのおじさんも享子さんの語る話をうしろで聞いていたという。

でも、算数は苦手。戦後はよく資金を集めるためにバザーをやりましたが、先生に「松岡さんのお母さんは、バザーのときにお金の計算が速く正確にできるのに、あなたはなぜ算数

ができないの？」と言われたのを覚えています。

中学を卒業するときには、歌敷山《うたしきやま》中学校と名前が変わっていた。

転校した高校に反発し、読書と英語学習に没頭する

1948（昭和23）年、享子さんは兵庫県立星陵高校に入学した。中学と同様に、高校にも戦後の混乱期を思わせるユニークな先生がいた。

ところが、2年生のとき、垂水の社宅から六甲へ引っ越したので、県立神戸高校へと転校することになった。神戸高校は、旧制県立第一神戸中学校と県立第一神戸高等女学校が一緒になった名門高校。編入試験を受けたとき、英語の和文英訳の問題文にこうあった。

「神戸高校は大変良い学校だと聞いていますので、入学できればうれしく存じます」

それを見たとたんに、カーッと頭に来て、無性に腹が立ったんです。「別に入学できてもうれしくありません」って英語で書こうかなって考えましたが、そこまでの勇気はなくて書けなかったけれど、ものすごく嫌になったんです。神戸高校の自慢気な雰囲気が気に入らなかったのね。中学の友だちもいる星稜高校のほうが良かったという思いもあって、授業中は絶対に手を上げてやるまいと決意して転入しました。

服装検査があり、女生徒の靴下の素材は木綿あるいはガス*しかダメで、男性教師が生徒の靴下をいちいちチェックすることに、松岡さんは憤り反発していた。

前髪を垂らしてはダメで、後ろにあげるという校則もありました。クラスメートに、生え際に赤い痣《あざ》のある子がいました。前髪をあげなきゃわからないのに、前髪をおろすなという校則のせいで、痣が見えてしまう。そういう規則がすごく嫌でした。部活は何も入らず、とにかく1日1冊、本を読むことを自分に課しました。高校の図書室には数万冊ありましたから、片っ端から読みました。1日1冊のノルマが果たせなくなりそうなときは、岩波文庫の星ひとつの薄い本でしのぎました。昼ご飯に牛乳とパンを買うからと親にお金をもらって、それで文庫を買ったこともあります。おかげで、一生読まなかったであろうジャンルの本を読んだのは良かったですね。何しろ、小さいころに鍛えた速読法がありますから（笑）。読み方は雑で、何を読んだかも覚えていませんけれどね。

この時期に読んだなかで、一番印象に残っているのは白水社の11巻本『チボー家の人々』（ロジェ・マルタン・デュ・ガール、山内義雄訳、1946〜1952）だという。

1日1冊の読書のほかに、松岡さんには熱中していたことがあった。英語だ。

この前、高校時代の英語のノートが3冊でてきたんです。それを見たら、自分が思っていたよりずっと一生懸命、英語を勉強していたんだと、今ごろになって気づきました。

それは、通っていた英語塾のノートだった。三宮《さんのみや》にある英語塾で、先生は神戸市外国語大学英米学科の先生だった。徹底的に教えてくれたのは、ひとつの語幹に、inter や ful、ment などの接頭語や接尾語をつけると、名詞や動詞、形容詞になることだ。この仕組みを知っていれば、ひとつの語幹からいくつもの言葉の意味がわかるし、知らない言葉でもその意味を類推できる。これで英語のヴォキャブラリー（語彙《ごい》）が増えた。

また、学校にいても挙手もしない「場面緘黙《かんもく》」の生徒・享子さんを見て、英語の野村先生が勉強会に誘ってくれた。

神戸商大の水戸先生が、うちまでいらしてくださって、学年が1年上の人たちと『カンタベリー物語』を読みました。中世英語ですから難しいんです。水戸先生は独特の理論を持っていらして、日本語には、走り去る、駆け上る、飛び上がる、流れ出す、というふうに2つの動詞が重なる言い方が多いが、英語に置き換えるときは、動詞＋接尾語や前置詞になると

＊ガス糸：ガスなどで毛羽《けば》を焼いた木綿糸。絹やナイロンはぜいたくだから、木綿やガスしか学校は認めなかったということ。

教えてくださった。例えば「飛び去る」を直訳するとfly and goと書きそうになるが、そうではなくfly awayとする。英語を日本語にするときもこの特徴に従うということは、のちに翻訳をするときにも役に立ちましたね。

もうひとつ、水戸先生の持論は、ある言語を、別の言語に移しかえるときに、ひとつひとつの言葉を省いてしまっては良くない、何かどこかで生かさなければいけないとおっしゃるんです。

この話をしながら、享子さんは楽しそうに具体例を説明してくれた。

バスの停留所で待っていた人は、バスがくると「来た来た」と言う。なぜ「来た」と1回だけではなく2回くりかえすのか？　それは英語ではHere comes a bus. だからである。

初めの「来た」はhere、ふたつ目の「来た」はcomesだと水戸先生は言うんです。すごくおかしいんだけれど、なるほどとも思えるでしょ。翻訳は、必ずしも1単語1対応というわけにはいきませんが、水戸先生がおっしゃっていたように、言葉には何かしら意味があるのだから、ひとつひとつの意味を掬《すく》いとらないといけないということは、心に留めています。

高校3年になると、英会話の個人レッスンに御影《みかげ》まで通った。ハワイから来た日系2世が先生だった。

ここでは毎回ディクテーションがあり、先生がワンパラグラフを、普通のスピードと少しゆっくりめのスピードで2回読み、享子さんが書き写す。その内容を題材にして英語で質疑応答をした。

このメソッドは良かったですね。まず聞き取れるかどうか、そしてスペルを間違えないで書けるかどうか。聞き取って書いたのを見れば、英語の理解力、実力がはっきりわかります。思い返してみると、高校時代の英語の勉強は生半可ではなかったです。部活の代わりに英語を勉強していたようなもの。好きだったんですね。

もし星陵高校にいたら、国立大学に進学するグループに入っていたかもしれない。しかし神戸高校ではヘソを曲げていたので、受験勉強もしなかった。進学先を神戸女学院にしたのも、英語ができれば将来の役に立つという考えとともに、受験科目が少なかったからだ。

国語の成績は良く、模擬試験が学校で1番だったとき、隣の席の子が「お前が?」と驚いていたのを享子さんは覚えている。

文句たらたらだったわりには、毎日楽しかったんじゃないですかね。卒業するときは、二度とこの坂を登ってやるものかと思っていましたが、一昨年、何十年ぶりかで、その坂を登りました。神戸高校の校史編纂室にいる愛校心に燃えた人に誘われてね(笑)。わたしの名

前が書いてある図書室のブックカードも発見してくださった。わたし、家では反抗しなかったから、学校に反抗していたのかな。あの年頃は、誰かに反抗しなければいけない時期なんですよね（笑）。たまたまその対象になった神戸高校にとってはunfortunateでした。もちろん、いい学校なんですよ。

高校時代の読書と英語学習は、今から思えば、将来の翻訳へとつながっていたのかもしれない。

児童文学に浸り、"library"に出会った学生時代

享子さんのお姉さんは、神戸女学院の保育科を出て幼稚園の先生をしていたが、享子さんが中学生のときに結婚し、九州の大牟田に住んでいた。姉と同じ神戸女学院大学に進学することになった享子さん。阪神地方のお嬢さん学校ということもあり、お父さんも安心したようだ。最初、神戸女学院には学問的な刺激はあまりないと高をくくっていた。

若いときってホント高慢ですよね。でも、卒業してみるとね、他の大学に行かなくてよかったと思います。年々、愛校心が強まります。

神戸女学院時代は、英語と児童文学に明け暮れた。

最初の英文講読は、ダーウィンの *The Voyage of the Beagle*『ビーグル号航海記』だった。発音も徹底的に仕込まれた。発音記号をすべてひとつひとつ教えられ、それまで認識していなかった母音の違いを教えてもらい、n と ng、th と s、s と sh など、モヤモヤしていた発音がクリアになった。

She sells sea shells by the seashore. という文章を反復練習したものです。この phonetics ＝音声学の授業のおかげで、発音に自信がつき、安心して英語を話せるようになりました。

3年生、4年生の授業は英語で行われた。なかでも、ドクター・ジェリフの講義が印象的だった。75歳を過ぎた先生が、ふたまわりくらい年下のフィリピン人の夫人と一緒に来日してレクチャーをした題材は、ミルトンの *Paradise Lost*『失楽園』。中世英語で、自分ではまったく歯が立たないが、ドクター・ジェリフの解説を聞いていると、知的興奮を味わえる。「ああ、学問というのは、こういうことなんだ」と楽しさを知ることができた。

高校時代の乱読が、大学に入ってからは児童文学へと集中していった。

大人の小説は読まなくなって、フィクションは児童文学ばかり読んでいました。当時は、

児童文学なんて大学で教えるものと思われていない時代でしたが、ちょうど「ドリトル先生」シリーズや『クマのプーさん』など、それまでの児童文学とは一味違う、新鮮な作品が岩波少年文庫に入りました。リンドグレーンの『長くつ下のピッピ』や『名探偵カッレくん』、トラヴァースの『風にのってきたメアリー・ポピンズ』とか、すごく面白かったですね。『ナルニア国物語』は瀬田貞二訳で読みましたが、「ああ、この本を読むには自分は年をとりすぎたな」と感じました。児童文学以外では、評論をよく読みました。中村光夫の『二葉亭四迷伝』や、亀井勝一郎、堀田善衞をたくさん読んで、とても刺激的だったのを覚えています。

大学2年のとき、父親が東京に転勤となった。両親は、娘が東京の大学に入り直して一緒に東京で暮らすことも考えたようだが、享子さんはチャンスとばかり、寮に入って神戸に残ることにした。昔から『あしながおじさん』に憧れていて、寮生活を体験したかったのだ。

寮生活はとっても面白かったです。2人部屋が基本なのですが、わたしは3年のときに寮長をしたので、寮長の特権でひとり部屋。毎月お誕生会をしたり、バザーのときに金魚すくいのお店を出したり。通学に時間がかからないから、たくさん本を読める。とにかく自分の好きなことをしていました。若いときは、そういうことが大事なのよね。

イギリス児童文学小史を卒論に選び、そのために大学図書室にあった本を読む過程で、享子さんの頭に library という言葉が刻み込まれた。参考にした研究書がアメリカ図書館協会の刊行だったり、著者が図書館学校の教授だったりしたからだ。そもそも大学の蔵書に、児童文学関係の基本書が揃っていたのも幸運だった。

4年間の大学生活を終えて、父母が住む東京に来たのは1957（昭和32）年、日本の高度経済成長が始まりつつある時代である。

東京に来たときは、両親は四谷の若葉町の借家にいて、学習院の初等科の近くでした。ちょっとジメジメした庭に大きなガマガエルが20〜30匹もいて、いかにも大家さんという感じの大家さんが近くにいましたね。その後、九州にいた姉が東京中野の江古田に住んだので、その近所の新築の家に両親も引っ越しました。

わたしはずっと神戸のことばが第1母国語でしたから、東京のことばは第2母国語という感じですね。疎開したときは和歌山弁でしたけど（笑）。

「図書館」ということばと将来の目標が重なる

新しい土地で、家庭教師をしながら今後の身の振り方を考えていたとき、出会いが訪れる。新聞で「慶應義塾大学文学部図書館学科」学生募集の小さな広告を見つけ、図書館——libraryということばが、頭のなかでカチッと音をたてた。さっそく慶應大学に行き、「児童文学に興味があるのですが、ここでそれが勉強できますか?」と尋ねた。ちょうど、アメリカに留学していた渡辺茂男先生が戻ってきて、来年から教壇に立つというタイミングだった。

終戦後、アメリカからの教育使節団が、日本は学校教育一辺倒だ。民主主義を育てるには社会教育を発達させる必要があると考え、そのためにはpublic libraryつまり公立図書館と、そこで働く図書館員が必要だということから作られた学科です。当初は、関西の同志社大学という案もあったのが、福沢諭吉先生の考え方がいいということで1951年に慶應に設置されたそうです。

図書館の近くにある慶應義塾外国語学校(夜学)の木造校舎が使われていて、享子さんが進学した1958年はまだ3年生、4年生の2学年のみ、他大学からの編入生と、慶應の2年生から上がってきた人とほぼ半々だった。

寄せ集め所帯みたいでした。1学年25人くらいかしら。教師の半分くらいは外国人で、その授業にはすべて通訳がつくのですが、先生のおっしゃってないことを通訳者が言うのがいやでした。試験の答案も日本語で提出して、それを通訳者が英語に翻訳して外国人教師に渡すのですが、それはいやなので、わたしは最初から英語で書きました。
とにかくpublic library＝公立の図書館というコンセプトを植えつけられたのが、わたしにとっては一番重要でした。それにしても、よく卒業できたと思います。今でも時々、単位が足りなくて卒業できない、どうしよう、という夢をみるんですよ（笑）。

この図書館学科で、享子さんは将来を決定づける職業に出会う。児童図書館員だ。公共図書館で、子どもたちに読書をすすめる仕事である。業務には、お話を語ること（ストーリーテリング）も含まれている。

子どもが好きだが、小学校の先生は算数も教えなければならない、成績もつけなくてはいけないと選択肢から外していた享子さんにとって、ピッタリの仕事。

とはいえ、児童図書館員の募集は見つからない。そもそも公立図書館の職員になるには、地方公務員試験に合格する必要があるし、採用されても図書館に配属されるとは限らない。せっかく見つけた目標だが、そこに近づく手立てが見えないまま卒業し、慶應義塾大学の図書館学科の図書室で働いた。

そこに、アメリカ人と結婚しウエスタンミシガン大学大学院の図書館学科で学んだ慶應の先輩・石井さんから、留学生を推薦してほしいという照会がきた。

「今のうちにもっと勉強して、将来に備えよう」と留学を決意する。高校時代と神戸女学院での猛勉強のおかげで、英語に不安はなかった。

当時は、1ドル360円でしたし、500ドルしか日本から持ち出せない時代でした。でも、フェローシップ（奨学金）を出してもらえて、お金には不自由しませんでした。優秀だった？　いいえ、慶應大学から推薦されたら試験もなかったんですよ。ちょうど父が病気で倒れたころでしたので、助かりました。アメリカからは電話もかけられないので、ほとんど毎日、封書より安いエアレター（便箋を折りたたんで封筒にする）を書いていました。神戸女学院の教育のおかげで、授業を英語で聞くのは苦労しなかったですね。

ウエスタンミシガン大学は、ミシガン州のカラマズーという町にあった。前身が教員養成学校だったため、教授陣には児童図書館や青少年（young adult）図書館の経験者が多かった。

図書館学科の学科長のミス・ルフェーブルは、ニューヨークでヤングアダルトのライブラリアンをしていた人、ドクター・ラウリーは学校図書館の経験者で、のちに米国学校図書館員協会やアメリカ図書館協会の会長にもなった方。偶然にも主な専任の先生がふたりとも子ども関係だったんです。

ルフェーブル先生のお母さんがわたしのことをとても可愛がってくれました。いいお友だちもできました。キャンパス内の夫婦用住宅に住むウォルツ夫婦は、夫のジムが学校図書館司書、妻が歴史の先生で、さらに専門性を高めるために大学院に勉強にきているカップルでした。ジムは、何かパッと見たとき、すぐそれが連想させる詩を暗誦できるような教養のある人でしたね。ビルマからきた留学生のキン・キン・セとも仲良しでした。彼女とわたしは、ニューヨークのコロンビア大学で開かれた図書館学を学ぶ外国人留学生のためのセミナーに行かせてもらったんです。みんな、シンプルな暮らしをしていて、素敵な人たちでした。

人間関係には恵まれたが、さすがに勉強は厳しい。特に、reading assignment（文献を読む宿題）が大変だった。「今週は伝記」と言われたら、ヤングアダルト向きのbiographyから2、3冊を読まないといけない。次の週はfictionという具合い。しかも飛ばし読みではダメ、読んだ上で、クラスで発表したりディスカッションをしたり、レポートにまとめたりしなければいけないのだ。

日本語は速読できても、さすがに英語ではできません（笑）。アメリカ人が読むより2倍、3倍時間はかかるでしょ。レポートを徹夜で書き上げて教室に駆け込んでも、ドクター・ラウリーはすでに着席していてチャイムが鳴ったときに提出されていないレポートに“LATE”と赤字で書き込むの。こわーい先生でした（笑）。同じく慶應の図書館学科を出て、ボストンのシモンズ・カレッジに留学して後に翻訳家になられた間崎《まさき》ルリ子さんも、あまりに膨大な宿題に「わーっ」と大声で泣いたことがあるとおっしゃっていました。わたしは、泣きはしなかったけれど、がむしゃらに英語の本を読みました。神戸女学院でも慶應でも、知的な刺激を受ける教育はあまり受けなかったと生意気なことを思っていましたが、自分ですることをしなくては、身につきませんよね。

ちなみに、享子さんが明け方までかかって本を読み、朝食抜きでタイプライターを打って書き上げ、滑りこみセーフで提出したレポートの題材は、黒人女性歌手マリアン・アンダーソンの自伝 *My Lord, What a Morning* である。まさに「なんという朝！」と友だちと笑いあった。

本はよいものであると信じる図書館員としての第一歩

1年半で修士の学位が取得できる目処がたったころ、参考業務（reference librarian）の講師をしていたパーセル先生が、自分がもと働いていた公立図書館での仕事を紹介してくれた。27歳の享子さんは、1962年9月メリーランド州のボルティモア市立イーノック・プラット公共図書館で、児童図書館員として働くことになる。

初日、新規採用者6人と握手をかわしたあとの、エドウィン・キャスタニヤ館長の挨拶を引用して、こう回想している。

「わたしたちは、本はよいものであると信じる人々の集団に属しています。わたしたちの任務は、できるだけ多くの人をこの集団に招き入れることです。どうかしっかり働いてくださ

イーノック・プラット公共図書館で子どもたちに絵本を読む松岡享子さん。
（写真提供：東京子ども図書館）

い」

この瞬間、わたしは、本をよいものだと信じる人たち──図書館員という職業集団に抱き取られた気がしました。この短い挨拶は、就職を学業の延長である実習のようにしか考えていなかったわたしに、強い力で職業人としての自覚を促し、そのとき、その場で、それ以後のわたしの職業生活を貫く背骨《バックボーン》をぴしっと一本通してくれました。（略）

プラット図書館で働いたのは、丸一年にすぎません。でも、その一年が、どんなに貴重な一年だったか！（松岡享子『子どもと本』岩波新書、２０１５）

最初は中央図書館での研修。ベテラン職員が、ずらりと並んだ蔵書をまわりながら、主だった本の内容、子どもたちがどう読んでいるかを説明してくれた。

作者のアルファベット順Cのところで「ああ、これ！」と大きな声をあげた。

「この本知ってる？　この本は子どもたちに絶大な人気があるのよ」

しょっちゅう借り出されているとわかるほど、手ずれがしていた。研修のあとに享子さんが配属された小さな街の分館でも、大人気だった。それが、クリアリーの「ゆかいなヘンリーくん」シリーズ。夜、アパートに帰ると、スプリングのきかなくなった古い安楽椅子に体をしずめ、声をたてて笑いながらこのシリーズを読んでいた。

時代の雰囲気や子どもたちの姿がリアルで、目の前にいる子どもたちが、そっくりそのまま本のなかにいるみたいで、面白く読みました。5年後に、自分がこの本を翻訳することになるとは、想像もしていませんでしたね。

そして、慶應大学の図書館学科で学んだことが、目の前で繰り広げられていて、図書館が人々の生活に根をおろしている姿に驚きました。あまり裕福ではない家庭が多かったので、家では買えない児童書、それも選りすぐりの本を、子どもたちは職員に読んでもらう。貧富に関係なく、楽しい思い出を蓄えていける。なんて素晴らしいのだろうと胸が熱くなりました。

もう1年間ここで働かないかというお誘いがあったのですが、日本でも早くこういうサービスをやってみたくて、日本に戻ることにしました。帰国に際して、福音館書店の編集者、松居直《ただし》さんのヨーロッパ出張に通訳として同行することになりました。正確な記憶はないのですが、松居さんとは前の年の1962年、ニューヨークの出版社を訪問するときに通訳をしたのが、お会いした最初だったと思います。1963年秋、

ちょうど福音館書店が、海外の子どもの本を日本で翻訳出版しようと準備していた時期だった。オランダで出たばかりのブルーナさんの本に、松居さんも享子さんもこの旅で出会っている。

旅の最初がアムステルダムで、そのあとロンドン、北欧、ウィーン、フランクフルト、パリ、チューリッヒ、ミュンヘンとまわり、ブックフェアに行ったり、現地の児童文学の関係

者に会ったりしました。アムステルダムで図書館員の方が「今、子どもたちがとっても好きな絵本があるんです」と言って見せてくれたのが *nijntje* の第2版*、つまり『ちいさなうさこちゃん』だったんです。

福音館書店は、この本の版権をとり、松居直さんは石井桃子さんに翻訳を依頼する。「うさこちゃん」シリーズの始まりだ。のちに、自分がその翻訳を引き継ぐようになることも、このときの享子さんは想像もしていなかった。

日本に帰国してから、短い期間でしたが福音館書店でアルバイトをしました。海外とやりとりする英文レターを書いたり翻訳したり。福音館が杉並区の清水町にあって、木造の普通のお家だった記憶はあります。

福音館書店は、金沢市で創立され、1952年に杉並区清水町に移転、その後、千代田区三崎町に移ったが、享子さんがバイトをした海外担当や編集部の一部は、清水町にあった時期だったようだ。いよいよ、日本での活動がスタートする。

大阪で児童図書館員になり、日本の現実に直面

享子さんが石井桃子さんに初めて会ったのはいつだったのか、お聞きした。アメリカからの帰国後、福音館書店の編集者・松居直さんに連れられて、新宿の喫茶店で瀬田貞二さんと石井桃子さんにご挨拶したのは覚えていて、それが最初ではないかと思うが、記憶は曖昧だという。当時、個人の自宅を開放して子どもたちが本に出会う場（家庭文庫）が、主に女性たちによって作られていった。

享子さんは東京の実家で暮らしながら、石井桃子さんのかつら文庫、土屋滋子さんの土屋児童文庫など、家庭文庫に関わる人たちの集まりに積極的に参加していく。

こうして東京で約1年を過ごしたのち、１９６４年春から、大阪市立中央図書館の小中学生室への就職が決まる。

慶應大学の図書館学科のとき、大阪の児童文化会館で実習をしました。アメリカから帰ってきたとき、実習でお世話になった西藤寿太郎《さいとうじゅたろう》さんにご挨拶に伺ったのではないかと思います。西藤さんが大阪市立中央図書館の館長になっていらして、そこで働かないかというお手紙をいただいて、勤めることになりました。というのもわたし、大阪市の公務員試験に応募したり受験したりした記憶が全くないので、西藤先生の裁量、縁故採用だったのでしょうね。

＊ *nijntje* は１９５５年に初版が出たが売れなかった。そこで顔が正面を向いている絵へと大幅に変えた同じ題名の第２版が１９６３年に出た。（ＮＨＫドキュメンタリー「みんな大好き！　ミッフィーの秘密『黒木瞳　ブルーナ90年の人生をたどる』」より）

普段から口癖のように「公共図書館をもっとよくしなきゃ」と言っていた家庭文庫の仲間たちは、享子さんの門出に大きな声援を送った。当時の図書館は、座席数の人数しか図書館に入館させないため、子どもたちは外で列を作って待ち、誰かが出てくると拍手がわいたという。（松岡享子『こども・こころ・ことば　子どもの本との二十年』こぐま社、1985）

小中学生室を設置した先進的な大阪市立中央図書館でさえ、登録や貸し出し手続きの煩雑さは、ほとんどブラック・ジョークのようだった。

「順番を待ちながら、わたしのもたつきぶりを見ていた中学生に、『なんや、たよんないなァ。ぼくんときは、あんじょうたのんまっせ』と、いわれたことがありました！」と、『子どもと本』5章で、お役所的な手続きが詳細に紹介されている。

それでも、同僚たちの協力もあって、「おはなしのじかん」を定期的に始めるなど、アメリカで学んだことも実行できた。

私が図書館で働いていたころ、進くんという六つの男の子が、ときどき図書館へやってきました。本には全然興味のないらしい進くんが（略）やってくると、一応パラパラと雑誌を見、そのあとは、奇声を発したり、机の間を走ったり、騒ぎはじめます。あるとき、それをしかるかわりに、絵本を読んでやったところが、それからは、来るたんびに、読め読めとせがむようになりました。（略）進くんにとっては、読んでもらうということが、かまってもらえるという意味でうれしかったのでしょう。／子どもたちにとって、だれかに本を読んでもらうということが、たいへんうれしい経験らしいことは、ほかのいろんな例からもわかります。（松岡享子『えほんのせかい　こどものせかい』日本エディタースクール出版、1987→文春文庫、2017）

しかし、図書館員生活は、1964年から1966年までの2年余でピリオドが打たれた。

図書館でずっと働いていた職員から見れば、わたしはアメリカから帰ってきて、ひょこひょこっと横から入ってきた感じだったかもしれませんね。今にして思えば、若くて気が短かったのでしょうが、3年目で挫折して、退職の道を選びました。公立図書館から敗退して、東京の家庭文庫の仲間のところに戻ったのです。

初めての翻訳書は『しろいうさぎとくろいうさぎ』

享子さんの翻訳者としてのスタートは、この大阪での図書館員時代と重なっている。初めての翻訳書は、ガース・ウイリアムズの『しろいうさぎとくろいうさぎ』（福音館書店）で1965年6月刊行。そして、エリノア・ファージョンの『町かどのジム』（学習研究社）が19

65年12月刊行。
翻訳をした時期は、アメリカから帰国したころにさかのぼることになる。

1963年にアメリカから帰るとき、福音館書店の松居直さんとヨーロッパをご一緒したあと、福音館で海外との英文レターを翻訳するアルバイトをしていたので、おそらくそのころか、大阪に就職したあとに、松居さんから『しろいうさぎとくろいうさぎ』のご依頼があったのだと思います。
かわいいお話で、絵がとってもいいですよね。アメリカで原書を読んでいましたし、もちろん、お引き受けしました。でもそれは、子どもの本に関わる仕事の一環で、翻訳の仕事をしたいとか、翻訳家になりたいという動機があったわけではないんですよ。

訳文について、編集者とやりとりした具体例は覚えていないが、『しろいうさぎとくろいうさぎ』という題名は、享子さんが希望したものだという。
ガース・ウイリアムズの挿絵は、「大草原の小さな家」シリーズで親しまれていたが、文も含めた絵本では、これが初めてのようだ。アメリカの初版は1958年。原題は *The Rabbits' Wedding*。

ドイツ語訳も『うさぎのけっこん』の意味でしたが、とにかく直訳ではない題名にしたい

と言って、出版社も賛成してくれました。

「うさぎのけっこん」だと、最後は結婚するという種あかしになってしまうし、結婚という言葉は子どもの本のタイトルとしてしっくりこないと思い、訳者としては、違うタイトルにしたかった。

同じ年に出た『町かどのジム』は、これはもう、若気のいたりですよね。だってファージョンの作品は、石井桃子先生がなさっていたでしょ。ものがわかっていれば「石井先生にお願いしてください」とお断わりするべきところ、頼まれたから引き受けちゃったんです。学研の石井和夫さんという編集者の方からのご依頼でした。どうやってわたしを知ったんでしょうね。

しかも、編集者の方が、石井先生に監修していただくか共訳にするか、先生のお名前を出したいとおっしゃったのに対して、わたしは「そういうことはしないでほしい」と、はっきり申し入れたんです。

石井桃子先生の名前が出たら、もし瑕疵《かし》があったら、石井先生の責任になる。それなら最初から先生にしていただくのが筋であり、自分にやらせていただくなら、わたしの名前で出してください、と編集者に言ったそうだ。

かっこいいでしょ。でもそのときは、それが偉そうなことだとも思わず、当たり前だと思ってました。若いっていうのは、怖いもの知らずということですね。

学研の編集者は、石井先生に原稿を読んでもらったそうだ。そして、享子さんに会ったとき、石井先生は1か所だけ指摘してくれた。

船員が、嵐の波に油をかけて鎮めるというシーンで、わたしの原稿は「波が……そそりたって、」としていたのを、「そそりたち、」にしたほうがいいと石井先生がおっしゃったんです。それ以外は、なにもおっしゃいませんでした。あとで聞いたのですが、翻訳については、石井先生は絶対に人を褒めない方なんですって。だから、褒めないまでも、1か所を除いてなにも言わなかったということは、いいことだった(笑)。そう思うことにしました。

図書館に勤務しながらの翻訳作業は、大変だったのではないだろうか。

当時の図書館は夜間開館をしていなかったので、夕方で仕事が終わりますし、夜も休日もありましたから、翻訳のために、あくせく苦労した記憶はないですね。夜遅くまでやったのかもしれないけど、一人暮らしで家事もたいしてないし、若いから大丈夫だったんじゃない

ハネムーンのように幸せな「松の実文庫」の時代、
子どもたちでいっぱいの「松の実文庫」。1967～
68年ごろ。（写真提供：東京子ども図書館）

ですか。

なにより、大好きな子どもの本を、日本の読者に紹介できる楽しみのほうが大きかったですね。翻訳がどのくらいのお金になるか、その時点ではわかりませんでしたが、少なくとも少々はお金になるから、図書館を辞めても、なんとかなるだろうとは感じていたと思います。


享子さんが東京に戻ってきたのは、翻訳に専念するためではなかったが、翻訳による収入が見込めることは、その後の活動にとって、大きな意味を持っていく。

東京に戻ってから約1年後の1967年、中野区の自宅で「松の実文庫」をスタートさせた。勉強部屋に使っていた玄関脇の洋間を解放して、絵本の読み聞かせと、買いためた300冊の本の貸し出しをした。毎週土曜日の午後1時から5時、特別な宣伝はしないのに、子どもたちがやってきた。

あるときなど、6畳の洋室に40人もの子どもがいて、「おれ、人におぼれるよォ」と叫ぶ男の子もいたとか。

『おはなしのじかん』には二階の和室を使いました。あとで聞くと、ある子は階段を上るときのわくわくした感じがたまらなかったそうです。おかしい話にひっくりかえって笑い、畳のうえをごろごろころがって壁につき当たり、またごろごろ戻ってきて、つづきを聞く子もいました。(『子どもと本』)

子どもたちの熱気が月曜日までこもっていて、享子さんのお母さんは、それを「日向《ひなた》の匂い」と呼んでいた。享子さんは、「ハネムーンのような、充実した、楽しい時代」だと振り返る。

翻訳も、次々と手がけていく。

福音館書店からは、1966年7月、ラッセル・ホーバンの『おやすみなさいフランシス』、67年3月にアンデルセン『白鳥』、67年10月にはマイケル・ボンドの『くまのパディントン』が出ている。

そして、学習研究社からは、67年11月にベバリイ・クリアリーの『がんばれヘンリーくん』が刊行された。アメリカの図書館の研修で、ベテラン職員が「この本知ってる? 子どもたちに絶大な人気があるのよ」と教えてくれたシリーズだ。

「ゆかいなヘンリーくん」シリーズは、1950年代に書かれた作品ですが、わたしが働いていた60年代始めの雰囲気でした。こういう本を、日本の子どもたちにも読ませたいな、と思っていましたから、わたしから編集者の方に「こんな本があるのですが」と提案したのだと思います。

一方、パディントンの本は、福音館書店の松居直さんから依頼されて、初めて知った。

わたしは恵まれています。ヘンリーくんもパディントンもシリーズものだったので、続けてどんどん翻訳のお仕事がきました。時代としても、いろんな子どもの本が海外でも出始めたところで、出版社にも意欲があって元気だったし、経済が上向き始めて、本の売れ行きも伸びていました。

これ以降も、基本的に出版社の編集者から依頼されたものを翻訳してきたが、自分から企画を持ち込んだケースが3つだけある。それが、「ゆかいなヘンリーくん」シリーズと、バターワース『大きなたまご』(学研、1968)、デュボア『ものぐさトミー』(岩波書店、1977)だ。創作童話も出版した。雑誌「母の友」に掲載した『くしゃみ　くしゃみ　天のめぐみ』が1968年8月に単行本になった(寺島龍一画、福音館書店)。

アメリカで働いていたとき、ホリーという名の男の子が、わたしにくっついて歩いて、いちいち「これは日本語でなんて言うの?」と聞くんです。ある日、わたしがくしゃみをしたら、間髪いれず、彼が"God bless you!"と言ってくれて、「これは日本ではなんと言う?」と尋ねたので、「日本では何にも言わないわ」と答えたことがありました。

それから、だれかがくしゃみをしたとき、パッと言える短いおまじない、語呂がいい言葉はないかな？　沖縄にはあるらしいけど……などと考えていたら、しゃっくり、おなら、あくびと、スルスルスルとお話ができたんです。何かが降ってくるというかんじですね。

創作は、できるときはできるけれど、締め切りまでに作ろうとしてできるものではありません。そこが、翻訳と違うところです。


毎年5冊から10冊もの翻訳をしながら、創作童話も書きつつ、子どもの本に関する活動を精力的に行っていった。

ブルーナの翻訳を石井桃子さんから引き継ぐ

ある日、石井桃子さんから「もう、あなたやって」と言われたのが、ディック・ブルーナの「うさこちゃん」シリーズだ。

石井さんは、オランダ語のニュアンスを調べて、「うさこちゃん」という言葉を選び、ブルーナの原書の雰囲気を、日本語で表していった。

その文体をどう引き継ぐかという課題以前に、そもそも絵本の翻訳には、独特の難しさがある。絵本の翻訳は文字が少ないから簡単だと思われがちだが、そんなことはない。絵が描かれたページのなかで、文字のスペースが決まっているため、そこに収まる分量の日本語にしなければいけない。子どもが使う言葉、子どもがわかる言葉という視点も必要だ。

文字数の制約、ビジュアル（絵や映像）と一緒に楽しむという意味では、映画の字幕翻訳と似ているかもしれない。

石井先生の文体や独特のリズムがあるので、最初はそれを踏襲しないといけないと思い、意識しましたね。石井先生の文体は、上滑りにならない調子の良さで、七五調ですけれど、ときどき破調があって、それがなんとも言えない石井先生の感覚なんです。そしてブルーナは、デザイナーとして、ものすごく考えぬいて、文章をどのページも4行にしています。絵と字のバランスを考えると、日本語も4行に収めたほうがいいけれど、書かれているものを全部日本語にしようとすると、6、7行になってしまいます。オランダ語では韻も踏んでいるし、工夫のしどころですよね。

1972年の『くんくんとかじ』『こいぬのくんくん』『わたしほんがよめるの』『もっとほんがよめるの』から、ブルーナの絵本が松岡享子訳で刊行された。

石井先生は最初のころ、英語版を参考に、オランダ大使館の方の助けを得て翻訳していらっしゃいました。わたしも同じように英語版と一緒に原書をわたされ、それを見ながら訳していました。『くんくん』が英語版でエeと表記されていたので、男の子として訳したんです。

ところがその後、くんくんが赤ちゃんを産む作品『くんくんにこいぬがうまれたよ』が出てきて、びっくり！ ということもあった。

こうして、石井さんが訳したブルーナの絵本は16冊、松岡享子訳になってから50冊を超えた（「うさこちゃん」シリーズは１９８２年に石井桃子訳が４冊出て84年から松岡享子訳になっている）。

ここ何年かは、翻訳家の野坂悦子さんにオランダ語から直訳してもらい、それを基にして享子さんが文章を考えている。

子どもの本を翻訳するとき、家庭文庫での絵本の読み聞かせやお話を語るという営みが、重要な影響を与えている。

わたしの翻訳に特色があるとしたら、子どもたちにお話を語ってきた経験があるということですね。できあがった訳文は、長いものでも全部を読んで録音して、耳で聞くことにしています。読みながら、息のつぎ方と句読点を考えます。また、だれかに頼んで、初見、つまり事前に読むことをしないで、いきなり声に出して読んでもらい、その人がつっかえたところをチェックすることもあります。

お話を聞いていると、その次にどういう言葉が出てくるか、次に何がくるんだろう？ と聞いている人は瞬時に予想しているんですよね。その予想にそって、次のことばなり、文章なりが出てくると、すらすらと聞けます。それを意図的に曲げると、意外性が面白さを生むこともあります。あることばの先に何を思い浮かべるか、お話を聞いていると、とても敏感になります。物事が起こるスピードと、それを表す言葉のスピードが合っていることも、語りにおいては大切です。

絵本の読み聞かせと違い、お話をする＝素話《すばなし》は、語り手が内容を覚えて語ることである。文庫の仲間たちと、読み聞かせやお話と併行して、昔話の翻訳や再話にも力を注いできた。さらに、東京子ども図書館の設立準備にも奔走する。

わたしの場合、語るという体験を抜きにして、翻訳はありえません。ですから「おはなしのろうそく」はわたしの翻訳における、大きな塊のひとつです。何度も声に出して、口にのりやすく、耳で聞いてもわかりやすいことばにするよう心がけました。

「おはなしのろうそく」シリーズとは、1973年、A6判（ハガキほどの大きさ）48ページの小冊子として、東京子ども図書館の設立準備委員会が作ったものだ。ほぼ1年に1冊作られ、実際に子どもたちに語ってみて、喜ばれた作品から選んでいる。そのなかの多くの作品の翻訳を享子さんが手がけている。

2017年10月14日に亡くなられたリチャード・ウィルバーさんの『番ねずみのヤカちゃん』

（福音館書店、1992）も、最初は『おはなしのろうそく18』に掲載されていた作品だ。

とくに「ホットケーキ」（“The Pancake”）というノルウェーのお話は、アメリカの図書館でも、子どもたちが大喜びで聞いていました。出来事というより音の面白さが特徴の、積み重なっていくお話です。でもこの英語を日本語にするのはむずかしくて、長いことできなかったんですよ。

インタビューの途中で、享子さんは、“Once upon a time there was a woman who had seven hungry children.”と英語で語り出した（聞いている私は大喜び）。お腹が空いた7人の子どもたち。ホットケーキを焼いて、と順番にねだっていく。この場面でも、最初の子が“Oh, darling mother”と呼びかけ、2番目の子、3番目の子と言葉が増えて、7番目の子になると、“Oh, darling, pretty, good, sweet, clever, kindest little mother”というふうに、どんどん長くなっていく。

そして焼きあがったホットケーキは、食べられまいとして転げて逃げていく。そこにManny Panny や Henny Penny など、ユニークな名前の動物たちが登場し、それがくりかえし重なっていくお話だ。最後は、こんなに長くなる。

No, no; I've run away from the mother, the father, seven hungry children, Manny Panny, Henny Penny, Cocky Locky, Ducky Lucky, the Goosey Poosey. I'll run away from you, too, Gander Pander" said the pancake, and it rolled and rolled as fast as ever.

さて、この英文はどのような日本語になったでしょうか。「おはなしのろうそく」小冊子版18、愛蔵版9の「ホットケーキ」をご覧ください。

子どもたちを前にお話をした経験がなければ、翻訳できませんでしたね。「ホットケーキ」は、まちがいなくわたしの中のヒット作です。子どもが喜ぶのを見ると、もうちょっと喜ばせたい、もうちょっと笑わせてあげたいと思うじゃないですか。そのためにすごく工夫しますよ。語呂合わせや韻を踏んでいる英文の翻訳もむずかしいけれど、面白い原作だったら、やっぱり面白くしなきゃ。恣意的には変えませんが、時によっては、順序を差し替えたり。とくに関係代名詞の訳し方ね。

例えば、

"There was a woman who had three daughters."

という英文は「3人の娘をもった女がいました」と訳すのではなく、「女がいて、その人には3人の娘がいました」のほうが、語りの場合はふさわしいことが多い。

絵本の場合は、絵が見えてくる順序で、言葉にしていきます。語っているのを耳で聞いて、素直にわかって、なおかつリズムがあって気持ちよい翻訳。どの翻訳者の方も気をつけてい

「松の実文庫」を開いていた30歳ごろの松岡享子さん。（写真提供：東京子ども図書館）

らっしゃるでしょうけど、昔話では、とくに大切なことです。

享子さんが語る英語も、日本語も、リズムと声に思わず引き込まれる。ところが自分の声にコンプレックスをもっていたというから驚きだ。かつてアメリカ人の先生に、「あなたの声は、聞きづらい。お話するのに適さない」とズバリ指摘されたことがあったというのだ。テープに録音した自分の声を聞いて、落ち込んだこともあった。有名なヴォイス・トレーニングの先生のレッスンを受け、話し方を改良する努力をしたそうだ。

もうひとつのコンプレックス。それも意外なことだった。

姉はきれいで、かわいくて、写真館に写真が飾られたり、ミス神戸に出たらと言われたりするくらい。一方わたしは、赤ん坊のころから鼻が低いと既に耳に入っていた祖母が、和歌山の田舎から会いに来るなり「みっともない、みっともないっていうちゃあったけど、みっともないことないわして（みっともなくないじゃないの）」と言ったそうです。小さいころ、鼻紙ちょうだいって母に言うと、「あら、あんた鼻あったの？」って冗談を言う、ひどいでしょう？（笑）

うちでは、姉が美人、わたしは「おへちゃ」と決まっていました。だからといって、ひがむわけではないんですよ。親も姉も、下のわたしを可愛がってくれてました。でもね、〝自分はきれいな人ではない〟と固く信じて成長しました。30歳過ぎて、一緒に図書館で働いてる人に、〝きれい〟と言われたとき、ものすごく驚いたことを覚えています。面白いものですね。

享子さんの若いころの写真を見て、思わず「おきれいですね」と口から出たところだった。より優れた姉のために妹は劣等感を抱いてしまう――家族やきょうだいで、よくある話なのかもしれない。

アジアの昔話プロジェクトと作家との交流

35歳から約30年間にわたって、アジアの子どもたちに、共通の読み物を作るユネスコのアジア共同出版計画事業に享子さんは携わる。1970年代に始まり、20前後の加盟国代表が毎年2回東京に集まり、企画や編集の会議をした。途中からは会議の議長を務め、日本語翻訳の多くも担当した。さらに1992年と94年には、国際児童図書評議会が授与する国際アンデルセン賞の選考委員になる。

ユネスコの会議では、スリランカ代表として参加していたシビル・ウェッタシンハさんの発言に共感することが多く、親しい友だちになった。ウェッタシンハさんの絵本作品『きつねのホイティ』(福音館書店、1994)には、こんなエピソードがある。

最初は、村の女の人がきつねをやっつけるのに、食べ物に唐辛子をたくさん入れるという話だったんです。それを読んだわたしが、「味は絵に描きにくいから、違う仕返しにしたらどう？」と話しました。そうしたら彼女、花嫁衣装にする話に変えたんですね。ショッキングピンクの衣装が、絵としてとても面白くなりました。

ウェッタシンハさんが国際アンデルセン賞の画家賞候補になったとき、ヨーロッパの人はあまり評価しなかったのです。わたしは、彼女の絵の、とらわれのなさ、子どもが紙の端まで書いたら、そのまま裏返しにして書いちゃうみたいな、自由な感じが好きで、ホッとするんですが。

スリランカの小さな村で暮らした日々を綴った彼女の自伝『わたしのなかの子ども』（福音館書店、２０１１）の翻訳も、享子さんが手がけた。

ユネスコや国際アンデルセン賞の仕事をできたのは、神戸女学院の英語教育のおかげだと思います。実は、十代のころ、母親に対する反発がちょっとあって、父親のほうが好ましいと思ったこともありました。でも、父が病気で倒れ仕事を引退した大変ななか、アメリカへ送り出してくれたのも母でした。翻訳も含めて、身につけた英語でずっと食べてきたわけですから、中学高校時代の英語塾や大学進学、留学させてくれた両親に感謝ですね。

「松の実文庫」だったご自宅の入り口にて。(撮影：大橋由香子)

翻訳家、そして国際会議での議長や賞の審査員のほかにも、享子さんは、たくさんの顔をもっている。東洋英和女学院大学では約12年間、児童文学の教鞭をとった。

学生には親身に指導して、けっこういい先生だったと思いますよ（笑）。他にも大学で図書館学を教えてくれというお話もありましたが、お断わりしました。結局、東京子ども図書館の仕事が、わたしのまんまん中にあるのね。企業体として小さな出版社でもありますから、企画・編集から販売・図書館まで、印刷は頼んでいますが、本に関することは、端から端までほとんどやっています。

わからない・知らない言葉でも、子どもはキャッチする

子どもの本における「わかりやすいことば」について、享子さんにお聞きしてみた。

基本的に、あんまり嚙みくだいたり、やさしくしたりしません。「パディントン」シリーズは、小学1、2年生の子も読んでいたけれど、わたしは子どもむけに訳すということはせずに、「沈思黙考型」とか「天真爛漫《てんしんらんまん》」などのことばも、平気で使いました。そのときはわからなくても、いいと思うんですよ。知らないことばでも、子どもはキャッチして、しかる

べきときに、ちゃんと使います。
わたしたちの年代が、明治時代の人たちの書いたものを読むと、自分はなんと語彙が少ないかとしみじみ思います。ことばが使えるということは、そのことばが表す感情や意識を認識できるということでしょ。だから使えることばが少なくなれば、人間の考え方や気持ちの幅、ひだの細かさが失われていきます。少なくとも、わたしが知っているくらいの語彙は、減らさないようにしたいと思います。

もちろん、基本的には子どもが理解できる言葉で、耳に心地よいリズムで翻訳していく。だが、享子さんも子どものころ、「さいく（細工）はりゅうりゅう　しあ（仕上）げはごろうじろ」という耳慣れない言葉に惹かれたように、知らない言葉が印象に残り、成長してから「ああ、そういうことか」と腑に落ちることもある。

日本語の奥深さ、豊かさを次の世代にも伝えるためにも、長く読み継がれる物語には「重さ」が大事なのではないだろうか。

ちょうど今ひっかかっているのは、王さまが病気になってお抱えの占い師が言うセリフです。「治るには」では軽すぎるし、「快癒《かいゆ》するには」では固すぎる……と悩んでいます。

インタビューのときに、享子さんがこうおっしゃっていた本は、スリランカのシビル・ウェッタシンハさんの『ふしぎな銀の木』(福音館書店、市川雅子との共訳、2017)だ。2017年は、『グリムのむかしばなし』Ⅰ、Ⅱ巻(ワンダ・ガアグ編・絵、のら書店)も刊行された。

グリムは、わたし自身は語ったことがなくて、ずっと人が語るのを聞いて満足していました。ところが、ワンダ・ガアグが再話したものを読んだら、ものすごく面白くて、翻訳したくなったんです。ワンダは、早くに親を亡くして、お金を稼ぐ仕事もしながら、妹や弟たちを育てます。苦労しながらも、大好きな絵や文をかくことを諦めなかった女性です。親たちがヨーロッパからアメリカ大陸にわたった移民で、小さいころは、近所の人、親戚や祖父母から、ドイツ語でメルヘンを聴いていたそうです。そんな彼女が再話したから、とっても魅力的なんですね。登場する女性の描き方も一味違います。例えば、ヘンゼルとグレーテルを森に捨てるよう夫に迫る継母も、意地悪なだけではない、痛快さがあります。

異なるものへの興味減退は、翻訳を廃れさせる?

1965年に享子さんが最初の翻訳書を出してから、翻訳事情も大きく変わった。『ひとまねこざる』(E・A・レイ、光吉夏弥訳、岩波書店)で1950年代には「うどん」と訳していたのが「スパゲッティ」に変わり、エリノア・エスティーズ著『百まいのきもの』も2006年に『百まいのドレス』に改題された（石井桃子訳、岩波書店）。

最初、「ゆかいなヘンリーくん」シリーズを訳すときは、ハロウィンやハンバーガーをどんな日本語にしたらいいか大変でしたよ。それがあっという間に、日本でもカタカナのままで通用するようになりました。
そういう変化とは別に、気になっていることがあります。アメリカの子どもは、知らないものが出てきたときに拒否反応が強いけれど、日本の子どもは寛容に受け入れます。それはなぜかということです。たとえば日本で『どろんこハリー』（渡辺茂男訳、福音館書店）の読み聞かせをするとき、「どうしてお風呂が2階にあるの?」と聞く子はいませんでした。最近は日本でも2階にお風呂がありますけど（笑）、昔はありえない光景でしたからね。
一方、わたしの創作絵本『おふろだいすき』（福音館書店）をイギリスで出版するとき、「英国にはお風呂にフタがないから、フタのない絵をもう1枚描いてくれ」と言われたんですよ。登場する動物にすべて、「ウイリアムやティモシーとイギリスふうの名前をつけて、そうしないとイギリスの子どもたちは読まないから」と編集者に言われました。

自分たちが知らない食べ物が出てきたとき、おいしそう、食べてみたいと思う人（子ども）もいれば、なじみがないものは食べたくない、まずそうで食指が動かない人（子ども）もいるだろう。

長年の経験から、日本の子どもは前者が多いと享子さんは感じている。


アーサー・ランサムの『ツバメ号とアマゾン号』（神宮輝夫訳、岩波書店）という、1930年代のイギリスの中産階級が夏休みにヨットに乗る話があります。それを読んで、マニアックなクラブを作るほどハマった子どもたちがいました。おいしくなさそうなペミカンという干し肉がでてくるんですが、「いつか食べてみたい」と願っていた男の子もいました。「チェッ、外国の子はこんなことしやがって」と否定的に感じず、「大きくなったらヨットに乗りたい」と憧れるんですね。

シンガポールに行ったとき、児童書の関係者に「アーサー・ランサムを子どもたちは読みますか？」と尋ねたら、「あまり読まない。too Britishだから」という答えが返ってきました。日本では、外国の風物に拒否反応を起こさず、むしろ憧れるのはなぜなのか、ずっと謎です。でも、そういうものに支えられて、日本では翻訳が出ているわけです。


「翻訳大国」と言われるように、日本は外国、とくに欧米のものを積極的に翻訳し、吸収してきた。

しかし最近は、外国に対する羨望や、外来のものへの好奇心が衰えているように享子さんには感じられる。

そうなると翻訳という営みは、減っていくかもしれません。それは、寂しいことです。

振り返ると、もし大阪の中央図書館で児童室をずっと担当させてもらえていたのなら、わたしはずっと図書館員だったでしょうし、こんなにたくさんの翻訳はできなかったでしょう。その時その時で、依頼された作品を一生懸命に訳してきました。自分でもびっくりしますが、とにかく、ことばをいじっているのが好きなんですね。

わたしにとって翻訳は、子どもの図書館の仕事の副産物だと思っていましたが、収入源としての翻訳で生活が成り立ったのも事実ですね。それは、訳した本が長く売れ続けたからで、本当にありがたいことです。

思い出深い翻訳？　うーん、子どもの本から選ぶのは、むずかしいですね。おとな向けの本で翻訳できたことに意義があったと思うのは、『子どもが孤独《ひとり》でいる時間《とき》』（エリーズ・ボールディング、こぐま社、１９８８）です。原書を読んで読書会もしていましたから、本当にうれしく、誇りにも思っています。

テレビのない時代に育った人、テレビで育った人、そしてスマホを触って成長する今の人、ちょっとずつ違うことはあるでしょうけれど、人と人と気持ちがつながったとき、とても深い喜びを感じるということは、変わらないのではないでしょうか。子どもの本やお話は、そうした気持ちを培っていってくれるのだと思います。

最初に取材のお願いをしたとき、「自分のことを翻訳家とは考えていない」と言われて驚いたが、享子さんはもっと広い「翻訳」をしてきたのかもしれない。異なる言語や文化の翻訳だけではなく、子どもの世界とおとなの世界をつなげる翻訳もしてきたのだ。

コラム 一 彼女たちのまわりにいた人や本

このインタビューで、初めて東京子ども図書館、石井桃子さんの「かつら文庫」に足を踏みいれ、「松の実文庫」だった松岡享子さんのご自宅にも、長野の「山のおうち」にもお邪魔した。東京子ども図書館での「お話会」では、お話を聞く心地よさを堪能。各地で語り手をしている女性たちの熱気に囲まれながら、疲れたおとなこそ、お話を味わうべきだと痛感した。

また聞きに行こうと思ったらコロナが蔓延し、「お話会」も中止となった。

２０２１年、会員に送られてくる通信に、病院に入院しているというお便りのプリントが同封されていた。「外は八ヶ岳の美しい景色が見られるし、空気はいいし、とても良いところです。」「とりわけ、わたしにとってありがたいのは、お世話をしてくださる看護師さんや理学療法士の方たちのなかに、子どものころ、わたしの本を読んでいた人、あるいはご自分のお子さんを、絵本で育てた人がいらっしゃって、本の話ができることです。」そして、「またお話しできるかもしれないし、またお目にかかれることもあるかもしれません。」と9月23日の日付と手書きの署名が印刷されていた。

しかし2022年1月25日、享子さんは亡くなられてしまった。

2023年3月12日から18日、何回かに分けて少人数での「松岡享子さんに感謝する会」が東京子ども図書館で開かれた。私が参加した日は雨だった。前に伺ったときは「お話」を語ってくれたホールで、お写真の享子さんが花に囲まれていた。「自分で感じたり、考えたりしていると思っていることのすべては、本のなかにその根があるのだとわかります」という『子どもと本』あとがきにある言葉が思い出される。

この会に合わせて発行された松岡享子著『ランプシェード 「こどもとしょかん」連載エッセイ 1979〜2021』(東京子ども図書館)を開くと、第1号に「ランプシェード」という連載タイトルについて「私がこの明かりの下で読んだ本のことを中心にお話ししたい」と記し、C・S・ルイス『別世界にて』(中村妙子訳、みすず書房、1978)が紹介されていた。

『別世界にて』は145号(2015年)「八十歳の誕生日」にも登場する。「わたしは、子どものころ、おとなというのは、まったく別人種だと思っていました」。それが、おそまきながら、ようやく人生をひとつながりのものとしてとらえられるようになったと書き、ルイスの言葉を引用している。

子どものとき自分はレモネードが好きだった。おとなになるというのは、レモネードを捨てることではない。ただ、その上に、ワインをたのしめるようになったということだ。

1967年東京六本木の国際文化会館で開いた「第一回お話をたのしむ会」のことも書かれている。児童図書館研究会、雙葉小学校の先生方、のちの「くにたちお話の会」、かつら文庫、土屋入船文庫、松の実文庫メンバーによる「おとなの聞き手のために開かれた、おそらくは戦後最初のお話会」だった。

この日、私は「金の不死鳥」を語りました。長い話で、当時はまだ語りこんでいませんでしたから、おそらくたっぷり四十五分はかかったと思います。（略）うしろがガラス戸になっていて、私が語っている間に、空がピンクからあかね色に、紫にと刻々と変化していったのだそうです。（略）お話が終わったときには日もすっかり落ちていて、なんとも不思議な満足感と興奮とで家路についた、とも。

私がこの日のことではっきりおぼえていることはひとつ。会が終わってから、石井桃子先生が、ひどく思い入れのこもった声で、「やっぱり女でなくちゃだめねえ」と、お

っしゃったことです！（85号）

みなさんの笑い声がきこえてくるようだ。

第二部
ひるがえりひるがえす女たち

女たちが翻訳するまでの前史

初めての翻訳書

初めて読んだ翻訳書を覚えていますか。

よく、初めて買ったレコードや、初めて映画館で観た映画とかは話題になるが、初めての「翻訳書」とはあまり言わないような気がする。

「初めての海外文学」という言い方はありそうだけど、翻訳書なら小説や詩など文学以外のノンフィクションも含むので、「翻訳書」という言い方は、意外と便利な「くくり方」だ。とはいえ、子どものとき、自分が最初に読んだ絵本や児童書が、日本のものか海外のものを翻訳したものか区別していたかどうか、わからない。

中村妙子さんは、人名や食べ物が日本風に翻案されていることに違和感があったし、「蒸餅」より「タルト」のほうがおいしそうだと思ったという。子どもにとっても、どこか遠い国、言葉が違うところのお話というイメージは感じられるし、それが魅力なのだろう。

私の場合、本当に初めてかどうか記憶は定かではないが、印象に強く残っている外国の児童書は、『ちびくろサンボ』のような気がする。1冊の本だったか、毎月発行される「キンダーブック」のような雑誌に出ていたのか。深町眞理子さんと一緒で、トラがバターになっていくところ、最後のおいしそうなホットケーキははっきりと覚えている。

捨てずにとってあるのは『水の子トム』（キングスレイ原作、宮脇紀雄編、幼年世界名作文学全集12、小学館）。手元にある1冊は、初版1963年で64年再版のものだ。年代からすると、4歳年上の兄のために買ったのかもしれない。このシリーズの『ペロー童話』（村岡花子選）でシンデレラ、ながぐつをはいたねこ、赤ずきんちゃんを読んだような気がするし、『アンデルセン童話』（川端康成選）や『母をたずねて』（アミーチス原作、打木村治編）もうっすら覚えている。

小学生の高学年になると、『ああ無情』『フランダースの犬』などの悲しいお話も好きになった。寝る前に読んでは、枕元において泣きながら寝た。名探偵「シャーロック・ホームズ」シリーズは何冊も読んだ。原作を短くした「抄訳」だったかもしれない。「翻訳者」の名前は意識してなかったが、「コナン・ドイル」とともに「延原謙」という文字は覚えている（給食で苦手なマーガリンをそっと家に持ち帰るため、銀紙で包まれただけの直方体のそれをランドセルにしのばせ、借りた本についてしまう失敗もした。私の中で、ホームズはマーガリンの匂いがする）。

いずれにしても、翻訳をした人の名前は文字だけで、実際に会ったわけではない。

最初はコミさん？

では、翻訳をしている人＝翻訳者・翻訳家に実際に会ったのは、誰が初めてだろうか？　と思い出してみる。私の場合、それはおそらく、「コミさん」だと思う。

子どものころ東京の南部を走る東急池上線に乗っていると、毛糸の帽子をかぶり、鳩が豆鉄砲をくらったような表情のおじさんに遭遇した。なぜか、とても気になる。つい視線が、彼のほうにいってしまう。

やがて、「あの人はコミさんといって、ああ見えてもちゃんとした小説家なのよ」と母が教えてくれた。「ああ見えても」という言葉と「小説家」の関係がいまひとつ理解できなかったが、何回も電車内や蒲田駅のホームでお見かけした。その人がテレビに出ていて、びっくりしたのも覚えている。「11ＰＭ」という番組を見て、「あ、コミさんだ！」とファンのようにテレビ画面に向かって喜び、その後、小説やエッセイを読むようになった。

コミさんこと田中小実昌は、歌手のバーブ佐竹に惹かれ、野坂昭如にハマった私にとって、魅惑的なオジサンだった（今となっては、なぜ中年男性に魅力を感じたか謎でしかない）。そして、コミさんや野坂昭如さんが敗戦後から翻訳を生業にしていたことを知ったのは、高校生くらいになってから。

その後、「翻訳の世界」（バベル・プレス）という雑誌で働いていたとき、翻訳にまつわる思い出を書いてもらえないか、思い切って依頼してみた。コミさんは快諾してくれた。でも、締め切りにはハラハラさせられた（原稿頂戴するまでのスリリングさは野坂さんのほうが激しかった）。

エッセイの中で、16歳ぐらいから翻訳に興味を持っていたコミさんは、結婚した女房が九州の福岡で知っていた「翻訳の先生」のところに連れていかれる。それが中村能三さんだった。「その名はヨシミとよぶのだろうが、ぼくたちはノウゾーさんとなれしたしんだ。／いっこうに、ホンヤクのことはおしえてくれず、ノウゾーさんはぼくのために、夏ミカンいりの焼酎をつくってくれ、なん年間も、ただ、ぼくは焼酎に酔っぱらうだけだった。ノウゾーさん自身が、翻訳の仕事がないんだもの。」暇な時期を経て、忙しくなったというエッセイだ（「私と翻訳の世界20年・翻訳あれこれ」「翻訳の世界」1998年9月号）。

その後、新橋にある映画の試写会場のひんやりした地下道で、偶然、コミさんに遭遇した。原稿のお礼を申し上げて言葉を交わしたときの、ビックリしたような、あの丸い目、照れたような表情でピョコンと頭を下げる姿は、昔、池上線で見た雰囲気のまま。単発コラムの一度きりの原稿依頼とゲラのやりとりだったけれど、うれしい思い出だ（そういえば、深町眞理子さんの出版パーティーに呼ばれた友達も、そこでコミさんに会って喜んでいたというエピソードがあった）。

アメリカ合州国滞在中のコミさんの訃報に接したのは、試写会場でお目にかかった数ヶ月後だった。

男たちの、わ！

ノウゾーさんたちの時代、「はじめに」でも触れたように、翻訳家といえば圧倒的に男性だった。大学で教鞭をとりながら翻訳をする教員はもちろん、出版翻訳を主な生業とする「職業翻訳家」と呼ばれる人々も（文学もミステリやSFなどエンタテインメントもノンフィクションも学術書も）、翻訳家＝男性の世界だった。

一時期、深町眞理子さんの上司だった宮田昇さん。彼の名著『戦後「翻訳」風雲録　翻訳者が神々だった時代』（本の雑誌社、２０００、のちに『新編 戦後翻訳風雲録』みすず書房、２００７）に登場するのも、中桐雅夫、鮎川信夫、田村隆一、高橋豊、宇野利泰、田中融二、亀山龍樹、福島正実、厚木淳、三田村裕、新庄哲夫、松田銑、斎藤正直、早川清、桑名一央。すべて男性。「友情に厚く、酒の強かった著者が、濃密につきあい、渉りあった翻訳者や出版人たちは、奇人や破格の傑物にあふれていた」（みすず書房ＨＰより）。

翻訳者も出版人も、大前提として、性別、男だった。

そこにも、女性の存在を意識せざるを得ない事態が生じてくる。

どこと社名はいわないが、かつて、女性と、男でも30歳前の〝若造〟は、翻訳者として採用しない（下訳者としてなら使う）ということを社是としていた出版社があった。社是がいいすぎなら、編集部長の個人的信念として、といい替えてもいいが、昭和40年代の終わりごろまでその社のポリシーは確実に生きていた。そこに突破口をあけたのは、深町眞理子さんと小尾芙佐さんだったと思うが、どちらが先だったのかは詳らかにしない。（矢野浩三郎「漢語文化からヤマトことばへ」「翻訳の世界」１９９８年12月号特集「変わる日本語、翻訳のことば」）

矢野さんは、社名をぼかしているが、その会社の編集者自身が明らかにしている。深町眞理子さんの新訳「シャーロック・ホームズ」シリーズ（東京創元社）の解題を執筆している戸川安宣さんは、こう記している。

当時、東京創元社には不文律というか、女性翻訳家は二人までしか使わないという厚木〔淳〕が言い出した決まりのようなものがありました。それがあったので、深町眞理子さんと小尾芙佐さん、女性翻訳家にお願いするとしたらこの二人だけという時代が続いていました。それが、八〇年代くらいから吉野〔美恵子〕さんをはじめとする女性翻訳家を使うようになってきた（『ぼくのミステリ・クロニクル』戸川安宣著、空犬太郎編、国書刊行会、２０１６）。

戸川さんの上司であった厚木淳は、なぜそのような不文律をもうけたのだろう。インターネットの「翻訳ミステリー大賞シンジケート」サイト内の連載「戸川安宣の翻訳家交友録３」*では、さらに次のように記している。

これは当時の編集部長、厚木淳の若い頃のトラウマに起因するもののようでした。まだ創元推理文庫が創刊してまもなくの頃、喫茶店で打ち合わせ中のさる女性翻訳家に原稿を突っ返そうとしたところ、衆人環視の中、机に突っ伏してわっと泣かれてしまったというのです。以来、女性翻訳家は敬して遠ざけていた、とは厚木から直接聞いた話です。

実際、ぼくが入った頃、東京創元社でお願いしていた女性翻訳家は、この日のパーティ〔引用者注：２０１４年7月11日東京創元社60周年記念の翻訳家謝恩パーティ〕に来られた中の最年長かと思われる深町眞理子さんと、小尾芙佐さんのお二人でした。

私が「翻訳の世界」編集部に転職したころ、厚木淳さんもバベル翻訳・外語学院通学部で教えていらしたので、編集長に連れられてご挨拶をし、何回かやりとりさせていただいた。１９９８年に「私と翻訳の世界20年」というシリーズの原稿をお願いした際には、厚木さんは20年前と今の変化４つのうちの3として、こう書いている。

女性翻訳家の台頭と急激な膨張ぶり。昔は女性にはミステリの翻訳は頼めないというのが通説でした。警察用語と法廷用語を知らないからです。自薦他薦で出版社にやってくる女性に、どんなものを訳したいのですかときくと、判で押したように『クマのプーさん』とか『赤毛のアン』みたいなものという答えが返ってきたものです。しかし、そういう時代は完全に過去のものになったようです（「翻訳の世界」１９９８年4月号）。

戸川さんが聞いていた理由とは微妙に違うものの、女性には無理だという感覚は、厚木さんひ

＊「ぼくが入社した当時、社には一つの不文律がありました。女性翻訳家は二人まで、というものです。こう言うとびっくりされることでしょう。就労の機会均等云々を持ち出すまでもなく、今このようなことを公言すると、社会的な非難を浴びて、それこそブラック企業だと言われかねません」に続く記述。

とりのものではなかった。

ここに引用させていただいた宮田さん（内田庶《ちかし》、1928年生）も、矢野さん（1936年生）も、厚木さん（1930年生）も、出版社の編集者そして翻訳家として大活躍なさってきた。私がお目にかかったときの印象も、感じの良いジェントルマン。特に悪意や差別意識があったわけではないのだろう。むしろ、編集者として、翻訳学校の講師として、こうした「ジェントルマン」たちが、女性の翻訳者を育てていったことも事実である。ちなみに先に引用した厚木さんの「翻訳の世界」のタイトルは「その時がこないと『わからない』楽しみ」となっている。

さらに上の世代になる宇野利泰（1909年生）は、中村妙子さんとも縁がある。中村妙子さんの小学校の同級生・作間すみ子さんの姉が、宇野さんの妻だったので、大田区蒲田に住んでいた小学生の妙子さんは、実業家だった宇野さんの田園調布の家に遊びに行き、ヴァン・ダインやコナン・ドイル、アガサ・クリスティーの翻訳書を借りたエピソードは第一部に出てきた。

そして、翻訳学校などない時代に、深町眞理子さんは、宇野さんの下訳をしながら、翻訳について学んだ。宮田昇さんの『新編 戦後翻訳風雲録』の「はじめに」で、宮田さんは「下訳といえば、宇野利泰（一九〇九〜一九九七）ほど、下訳者の使い方の上手な人はなかった。そのために、結果として深町眞理子をはじめ、優れた翻訳者を数多く世に送り出している」と書いている。この本で宮田さんは、宇野利泰の章に「好奇心」というタイトルをつけ、「彼を奇人として挙げたのは、野菜をいっさい食さないとか、朝七時に寝て昼の三時に起きるのが日常であるとか、両切りのピースのチェーンスモーカーでありながら長生きをしたことなどでなく、病癖とも思われる

『噂好き』であったことである」と記している。実業家であったころもふくめ、豊富な経験に裏打ちされ、「文壇についての博学な知識は生半可なものではなかった」そうだ。「宇野の傘寿を祝う会は、彼が出席を希望する人間だけの小規模のものになった」という中に、深町さんの名前も挙がっている。

宇野利泰より4歳上の大久保康雄（1905年生）は、「大久保工房」と呼ばれるほど下訳者を使い、そこから独立した翻訳家は多い。中村能三や永井淳もそうだった。

そういえば、先に紹介した「翻訳の世界」のエッセイで田中小実昌はこう書いている。

ノウゾーさんは、翻訳家の永井淳なんかとマージャンをしていて死んだ。「七策《チイソ》をにぎったばかりだった。つまんない牌《ハイ》よ」と永井淳は言った。

小説や翻訳の仕事をするうえでも、学閥や勤務先などで育んできた人脈があり、酒席やマージャンや諸々を通じて、個性豊かな男たちの濃密な輪がつくられていた。その輪に少しずつ風穴をあけていく瞬間を、第一部の4人の女性翻訳家たちは歩んでいた。

児童文学の世界においては、女性の活躍の蓄積があるように見える。女性に選挙権のない戦前から、「赤毛のアン」シリーズの村岡花子（1893〜1968）、児童書や絵本の名編集者で「くまのプーさん」「うさこちゃん」シリーズの翻訳者でもある石井桃子さん（1907〜2008）（「東京子ども図書館」を松岡享子さんたちと創設）などの存在はとても大きい。もっと歴史を遡れば、

『小公子』の若松賤子（1864〜1896）もいる。

それでも、福音館書店の編集者・松居直の著作を読むと、ある時期までの翻訳家が男性ばかりなのは、ミステリの世界と共通している（「シリーズ・松居直の世界」全3巻、ミネルヴァ書房　特に3巻『翻訳絵本と海外児童文学との出会い』2014）。女性は文字通り「例外的」な存在で、紅一点や紅二点という状態だったのだろう。

私がバベルに転職した1988年当時でも、バベル翻訳・外語学院通学部講師の顔ぶれは、出版翻訳では厚木淳さん、中田耕治さん、高橋泰邦さん、別宮貞徳さん、常盤新平さん、映画字幕は岡枝慎二さん、吹替の鈴木導《おさむ》さん……翻訳分野での女性は、片岡しのぶさんだけだった。

しかし、個人的な伝手《つて》で下訳をしたり、後年は翻訳学校の受講生となったりした女性たちの実力と熱意を目の当たりにするなかで、「女は××に弱い」「女性には無理」という決めつけが当てはまらないことに、翻訳者も編集者も気づいて（認めざるをえなくなって）いく。

そこには、出版社側の事情もあった。よほどのベストセラーでない限り、翻訳による収入（印税でも買取でも）は決して高額ではない。一方で翻訳に不可欠な調べ物を綿密にやれば手間も時間もかかる。配偶者に収入があり、子育てで勤務をやめた能力ある女性は、出版社にとっても、翻訳の質の向上という意味でも歓迎すべき存在だった。1980年代後半の「これからは女性の時代」という掛け声とともに、翻訳業界での女性の活躍は、あたりまえのことになっていった。

私が出会った翻訳者の思い出

加地永都子《かじえつこ》さん――反戦や解放運動、アジアの風を伝える

では、私が初めて会った女性の翻訳家は？　と振り返ってみると、それは、加地永都子さんだと思う。大学の講義で出会った村井吉敬《よしのり》さんや『朝鮮人BC級戦犯の記録』の著者・内海愛子さんなどを通じて、「アジアの女たちの会」主催のイベントにときどき参加していた。時代の最先端だった渋谷パルコがある公園通りに、地味な雰囲気と建物の渋谷区立勤労福祉会館（シブヤキンプクと呼ばれていた）があった。「アジアの女たちの会」はそこでよく集会をしていた。事務所が渋谷にあったからだろう。

あるとき、イベント終了後に、内海愛子さんなど主催者のお姉さんたちに食事に誘われ、近くの韓国料理屋さんに入った。加地さんと言葉を交わしたのは、それが初めてだった。内海さんも加地さんも、はじけるような笑い声、にこやかな笑顔がすぐに思い浮かぶ。

加地さんからは、その後、さまざまなご縁をいただいた。

グループ７２２１訳の『資本主義・家族・個人生活』（亜紀書房、１９８０）という本の「解説」を加地さんが書いていた。最初の就職先、週刊の書評新聞で、優生保護法問題を取り上げようと執筆者を探していたとき、この本の「訳者あとがき」を思い出して翻訳者に連絡をした。それが、

当時「朝日新聞」の記者だった竹信三恵子さんと、お茶の水女子大学で教えていた江原由美子さんだ。竹信さんには生産と暮らしの対立の中で「産めない」女の現実について執筆してもらい、江原さんには既にお書きだった原稿をもとに、「日本読書新聞」で「乱れた振り子　リブ運動の軌跡」という連載をお願いした。江原さんとの原稿のやりとりも、毎週のビジュアル（写真やイラスト）探しも、読者からの反響も、楽しい作業だった（『女性解放という思想』勁草書房に「リブ運動の軌跡」として所収されている）。

そのころの私は、70年代初頭のウーマンリブの人たちは、10年が経過して何を考えているのか、知りたいと思っていた。

翻訳家としての加地さんと「再会」するのは、私の3つめの転職先でのことだった。「翻訳の世界*」編集部に転職した私が、最初に担当した連載記事のひとつに「英日翻訳懸賞」の出題と講評ページがあった。加地さんのほかに、飛田茂雄さん、広瀬順弘《まさひろ》さん、仁賀《じんか》克雄さん、篠原慎さんなどが、交代で英語の原書から短い英文を出題し、読者が応募してきた訳文を講評するという紙上翻訳教室だ。英語のように毎月ではないが、ドイツ語（平井吉夫）、フランス語（高《たか》野《の》優《ゆう》）、中国語（田口佐紀子）、韓国語（安宇植《アンウシク》）もあった。

読者からの投稿を加地さんに渡し、原稿ができあがったら取りに行く。ゲラが出たら校閲者と自分が校正したものを持参。その場で、あるいは翌日までにチェックしてもらい、受け取る。

当時はインターネットも電子メールもなく、郵便の速達便が最速、さらに急ぐときは航空便もあったが金額が高いので特別な場合のみ。やがてファックスが登場し、時差なく相手に届く！

便利！　という時代だった。しかし、編集部から加地さんのいる会社まで歩いて2分ほどの近さだったから、手渡しが一番速いし確実だった。

神保町交差点から少し錦華公園方向に入った路地、魚を焼く煙が食欲を刺激する「うお丸」向かいの雑居ビル。急な階段を登ると、リングァ・ギルドという翻訳会社がある。同じビルには「アジア太平洋資料センター」通称ＰＡＲＣ（パルク）もあり（設立当初は赤坂にあったらしい）、加地さんはそのどちらかに居た。

応募作品やゲラを受け渡ししながら、疑問点などお尋ねし連絡事項を伝えたあと、雑談するのが楽しみという、今から思えば牧歌的かつ贅沢な仕事風景だった。

加地永都子さんは、１９３９年9月26日東京に生まれ、小学校時代から田園調布教会に通っていた。１９６３年東京女子大学英米文学科卒業後は日本ＹＷＣＡに就職し、7年間働いた。１９６８年から69年には米国ＹＷＣＡの研修に派遣されて、公民権運動やウーマンリブ運動の萌芽を体感する。

「ベトナムに平和を！市民連合（べ平連）」が発信する英文雑誌「ＡＭＰＯ」の創刊には、武藤

＊「翻訳の世界」は、１９７６年創刊当時は「大学翻訳センター」、その後「日本翻訳家養成センター」を経て「バベル翻訳・外語学院」の出版部（バベル・プレス）が発行していた月刊雑誌。翻訳家をめざす人と翻訳家のための雑誌で、執筆者の多くは翻訳家で、翻訳業界の情報もあったが、翻訳や異文化を切り口にした幅広いテーマ特集、連載記事が掲載されていた。２０００年７月から誌名が「ｅとらんす」に変わった。

一羊《いちよう》やダグラス・ラミスとともに、加地さんも参加している。その後、ラミスの著作の日本語訳も多く手がけた。１９７３年に創立したパルクで、加地さんは雑誌「世界から」の編集もしていた。パルクには英語が堪能な人が多く、その流れで１９８３年にリングァ・ギルドという翻訳会社を設立、初代の代表取締役が加地さんだった。

ここで、１９８４年に代表取締役になった山鹿《やまか》順子さんにも触れたい。この雑居ビルに行くと山鹿さんに会えるのもうれしかった。山鹿さんとの最初の出会いは、私が「日本読書新聞」にいたときインタビューの通訳をしてもらったこと。１９８０年代初頭、日本の原子力発電所から出る放射能のゴミを、ドラム缶に入れて太平洋に海洋投棄する日本の計画があった。それに反対するため来日していた太平洋諸島の人たちの通訳をしてくれた。当時は、「長髪にはちまき、半てんに下駄というヒッピー・スタイル」が印象的で、『戦争を生きぬいた女たち　38人の真実の記録』（サリー・ヘイトン＝キーヴァ編著、新宿書房、１９８９）は、加地さんと山鹿さんを含む５人（青海恵子、疋田美津子、福富和子）が共訳している（詳しくはウェブサイト「山鹿さんを記憶する」参照）。

さて、加地さんは１９７５年にＣ・ダグラス・ラミスの「米建国２００年への内部告発―米国史における拡張主義と自由」を月刊雑誌「現代の眼」４月号に翻訳したのを皮切りに、ジャーナリスティックな論文の翻訳の雑誌掲載ほか、30冊以上の単行本を共訳も含めて刊行した。

最初の単行本は、『アンジェラ・デービス自伝　上・下巻』（アンジェラ・デービス、現代評論社、

1977）。一九七七年八月三一日という日付の「訳者あとがき」に、こう記している。

私がアンジェラ・デービスの名をはじめて知ったのは、一九七〇年頃だったと思う。六〇年代後半から米国内で大きく盛り上ったベトナム反戦運動と並んで、黒人解放運動、女性解放運動が、規模の面でもまた思想的にも新たな広がりを見せた時期である。ブラックパンサー党の代表が来日したり、黒人解放に関する著書が次々に訳出されるなかで、日本で反戦運動にかかわる私たちも、米国の運動から多くを学んだ。

以後わずか一〇年足らずのあいだに、状況は大きく変わってしまった。アメリカはベトナムから敗退したけれども、国内の反体制運動は強大な弾圧装置の前にあるいは沈黙させられ、あるいは体制側にからめとられた。（略）

「共産主義者」であるがゆえに、彼女がカリフォルニア大学の教職を追われた経緯は本書に詳しいが、アンジェラはそれ以後今日にいたるまで安定した教職を一度もえていない。（略）

アンジェラ自身もいうように、三〇歳になるやならずで「自伝」を書いたことは、彼女の不幸かもしれない。しかし、「個人史」ではなく、彼女が「マイピープル」と呼ぶアメリカ黒人の、そして黒人女性のたたかいをみつめ、すべての被抑圧階級の解放にいたる道を追求するための著書とするなら、本書はやはり書かれるべきときに書かれたといえよう。

その後の訳書、『女友だち』（晶文社、1980）、『男友だち』（同、1981）の著者ローザ・

ガイも、トリニダード生まれ、ニューヨークのハーレムで育った女性作家。加地さんが、アメリカ合州国のどういう人々に共感し、どのような思想を日本に紹介したいと注目していたかが、これらの本の選択から伝わってくる。

もうひとつ、私にとっての必読書は、『悲しいけれど必要なこと　中絶の体験』（マグダ・ディーンズ、晶文社、1984）だ。この題名は本当に秀逸で、中絶について考えるときの指針になった。ニューヨークの民間診療所で中絶手術を受けた人たちの声を集めた本である。〝日本では罪悪感を持つ人が多いが、アメリカ合州国の人は中絶を権利と捉えていてサバサバしている〟という根拠のない自分のイメージを壊してくれた。中絶についての体験や感じ方は、国は違っても、意外と共通しているのかもしれない、と感じた。

考えてみれば翻訳は、文化や民族や国によってこんなに違うんだ！　と教えてくれると同時に、人間って似たようなものなんだな、と気づかせてもくれる。

そして、ウーマンリブの代表的な著作、函《はこ》入りの分厚い『性の政治学』（ケイト・ミレット、自由国民社、1973）の翻訳にも加地さんは参加している。1985年、版元を変えてドメス出版からデザインも新たに刊行された際には、藤枝澪子、加地永都子、滝沢海南子、横山貞子の4人の共訳者名が表紙に大きく記されていた。

黒人解放、女性解放、ラミスさんの日本国憲法や民主主義についての作品を訳してきた加地さんの根っこには、キリスト教の信仰があった。

友人の鈴木伶子さんは、加地さんが就職した当時の日本ＹＷＣＡについて「キリスト教団体として安保改訂に取り組む意味が活発に議論され、弱い立場に置かれた人々の問題を積極的に取り上げていた」と書いている。そして「加地さんは滅多にクリスチャンの顔を見せない人だった。（略）社会に目を閉ざす教会に失望し、転会した東中野教会に社会委員会があることを喜んでいた」と書き記している（冊子『加地永都子さんを語る会』同実行委員会編集・発行、２００９）。

キリスト者であることによる経験や人的なネットワークも、加地さんに影響を与えている。ドレス・レッシング『アフガニスタンの風』（晶文社）を訳したのは、アメリカ合州国同時多発テロ（２００１・９・11）の13年前、当時は、「アジアの西の国にあるアフガニスタン」といえば、日本人にとってはシルクロードの国で、シルクロードに関係する本が書店にたくさん並んでいる、と書いたあと、こう記している（「訳者あとがき」）。

その反面、アフガン戦争について書かれた本や報道は極端に少ない。一九七九年十二月のソ連軍によるアフガニスタン侵攻いらい、報道の中心はもっぱらアフガン難民問題だったのではないだろうか。わたし自身も一九八一年にジンバブエで開かれた世界ＹＷＣＡの難民に関する協議会に参加したおり、パキスタンの代表が三〇〇万ものアフガン難民の流入の状況を訴えていたことがわすれられない。キリスト教のボランティア団体でも難民キャンプには容易に入れず、とくに女性の難民は悲惨な状況に置かれているという報告だったのに、レッシングのように具体的な救援活動にかかわることはしなかった。

レッシングが2007年にノーベル文学賞を受賞するおよそ20年前にこの本を訳出していたわけだが、2001・9・11の同時多発テロのあと、さらに苦難が襲いかかるアフガニスタンへの思いにも、未来を見通す力を感じる。英語を操れる力を持ちながら、欧米―白人中心の価値観に疑問を投げかけ、アジアや太平洋地域のフェミニストと一緒に活動をしていた。フィリピンの元気な女たちとの交流を加地さんが企画してくれたツアーは、直前にご本人は参加できなくなり、空港まで見送りにきてくれた。おかげで私も、初めてフィリピンを訪れることができた。

翻訳については、「私の癖なんだけど、難解なまま日本語にしたくない。できるだけ平明でわかりやすい日本語、すんなり頭に入ってくる日本語にしたいの」と語っている。「ニューズウィーク日本版」の翻訳に従事してきた経験が訳文にも生きているだろう。

加地さんは、もうひとつ貴重な「仕事」もした。それは、翻訳文の著作権について、翻訳者の名前についての裁判である。

『のびのび更年期　メノポウズ・ナチュラリー』（サジャ・グリーンウッド、P・M・ゼスト・クルーズ、1989）の自分（たち）の翻訳文が、別の本（『更年期からの素敵ダイエット』海竜社、1993）の著者によって無断で使われたとして、裁判を起こした。加地さんと産婦人科医・根岸悦子さんとの共訳だった。

例えば、「現実的で明るい更年期観（原語はa realistic and positive outlook)」など、それまでの暗いイメージの更年期を積極的なものとして打ち出すために、positiveを「明るい」とするなど、加地さんが工夫して訳した単語や文章を、被告は『更年期からの素敵ダイエット』で、あたかも自分が書いたかのように使っていた。こうした箇所が随所に見られたのだ。

1998年、東京地方裁判所は原告（加地さんと根岸さん遺族ら）の訴えをほぼ認めた。

この裁判から1年後、私はインタビューのために中野のご自宅にお邪魔した。そのときの記事から一部紹介する。

「日本語版のこの本を参考にさせていただきました、って書いてあれば、裁判まで起こさなかったでしょうね。まあ、参考にしすぎじゃないですか、と言いたくなるけど（笑）。ところが、参考文献にも挙げていない。つまり、翻訳した日本文、翻訳者の仕事を無視・軽視している。被告側は、原書を直接読んで参考にしたと主張したので、原著の著作権でも争えたけど、あえて私の訳文の著作権を争ったんです」

ただし、〝てにをは〟や多少の表現は変えていて、そっくりそのまま引き写した日本語ではなかった。

「裁判では、同一性の証明とか、難しい法律用語がいっぱい出てきました。翻訳とはどういう作業であるかを私が書いて、原告として証言台にたつ準備も、張り切ってやったんですが、その論点まではいかず、証言台にもたてなかった」と加地さんは残念そうだ。

昨年［引用者注：1998年］の7月17日に出た判決には、こう書かれている。

「被告書籍『更年期からの素敵ダイエット』の一部は、原書を翻訳した原告書籍『のびのび更年期』を複製したものと認め、原告著作者の複製権、氏名表示権、および、原告出版社の出版権が侵害されたものとして、請求を一部容認した」

全面勝訴である。（略）そして判決から1年。

「インターネットの時代になると、著作権もなにもない。使いたい放題でしょ。裁判には勝ったけど、少し空しさも感じますね」と加地さん。／とは言っても、4年以上の裁判の結果、訳者の文章にも著作権が認められたことの意味は大きいはずだ（「翻訳の世界」1999年10月号、本の周辺№38　構成・文　大橋由香子）。

加地さんは、先輩の大田区民だったというのに、子ども時代をどのあたりで過ごしたのか、昔のお話を聞いたことはなかった。そのうち……と思っていたら、2009年4月13日、享年69で颯爽と早足で逝かれてしまった。4月18日、東中野教会の葬送式には、あまりに急なことに戸惑う人たちが集まっていて、私もその中のひとりだった。布バッグを肩にかけ、風を切って前に進む姿が、今も思い出される。

1984年5月20日、代々木公園にて。加地さん（左）と著者。（写真提供：著者）

寺崎あきこさん――ドイツと日本の女たち、「おいでよ　こちらに」

大学を卒業する前の2月から、採用が決まった「日本読書新聞」で働きだした私は、木造の古い社屋で早く仕事を覚えようと張りきっていた。編集会議でどの本を取り上げるか、誰に書評を依頼するかが決まると、原稿依頼の電話をする。もちろんダイヤル式の黒電話だ。引き受けてもらえたら手紙とともに本を発送。締め切りが近づくと電話をして、受け取る場所や時間を決めて、原稿をいただく。週刊だったので、原稿は直接会って受け取るのが基本で、喫茶店か先方の自宅や職場に行く。いただいた原稿を整理して（活字の書体や大きさを赤字で指定、促音や句読点は赤で印をつける）、見出しをつけて、割り付けもして、印刷所に入稿。そして週に1回、印刷所に出張校正に出かけ、活版印刷の職人さんたちに時にからかわれながら、校正を繰り返し無事校了したら、みんなで近くの居酒屋で乾杯！　というのが1週間のサイクルだった。その合間に、書店や出版社の取材をして記事を書いたり、対談、インタビューを企画して原稿を作ったりする。当時は忙しいと思っていたが、今から思えば、賃金が安い分、ワークライフバランスのとれる働き方だった。

編集会議では、最初は先輩たちの議論を聞きながら、やがて、自分で執筆者を決めるようになっていった。あるとき、この人に書いてもらいたい、と思って電話をしたなかに、寺崎あきこさんがいた（「あき子」「明子」という表記もある）。

寺崎さんは、女たちが発行したミニコミや雑誌にもよく寄稿していたし、『性の深層　小さな相違と大きな結果』（アリス・シュヴァルツァー、亜紀書房、1979）という訳書があった。彼女の名前を最初に知ったのは、『女たちのリズム　月経・からだからのメッセージ』（現代書館、1982）の編集グループのひとりとしてだった。月経（生理）についての記述式のアンケートを作り調査した結果を、各自の興味関心にそって分析し執筆された画期的な本だ。

そんな寺崎さんに、仕事にかこつけて会いたいと思った私は、ある本の書評をお願いするために電話をした。多くの執筆者は、本の内容や締め切りなどをきくのだが、寺崎さんは、「なんで私に頼もうと思ったの？」と開口一番、おっしゃった。そういう質問がくるとはあまり想定していなかったので、一瞬ギョッとしてから、一生懸命に理由を説明した。こうして新米編集者を慌てさせたあと、寺崎さんはカラカラと大きな声で笑い、引き受けてくれた。何週間かのちに原稿を受けとるためにお会いしてからは、いろいろな場でご一緒するようになったが、翻訳の仕事上の接点はあまりなかった。

寺崎あきこさんは、1943年10月1日東京・浅草生まれ。中学・高校・短大を自由学園で学ぶ。東京都立大学人文学部社会学専攻卒業後、雑誌編集にたずさわったのち、1971年から76年まで西ドイツを中心にヨーロッパに滞在。帰国後は翻訳に従事し、ドイツ学術交流会（DAAD）で働きながら女の運動にも関わっていた。

シンデレラや中国の纏足《てんそく》*に現れる「女の足は小さいほうがいい」という伝統のせいか、1980年代ごろでも、大きなサイズの靴は少なかった。歩きやすさ・快適さからほど遠い「婦人靴」

をどうにかしたいと考えた寺崎さんは、『よい靴がほしい　女から靴メーカー靴やさんそして女たちへ　「女の靴」アンケートの報告』という冊子も作成する。（寺崎あきこ編、よい靴がほしい女たちの会、１９８７）

翻訳する際の訳語についても、いまにも通じる問題提起をしている。『性の深層　小さな相違と大きな結果』の「訳者あとがき」から紹介しよう。

ドイツ語には日本語のように、「女ことば」、「男ことば」の使い分けがなく、語彙の中にいくらか男が、あるいは女が好んで使うことばがあるくらいである。女も男も大人も子どもも一人称は「イッヒ」である。このことが女の、あるいは男の意識あるいは関係形成になんらかの影響を及ぼしているのではないか、と私はドイツ滞在中に考えさせられた。日本語のようにはじめから、男なら「ぼく」「オレ」、女なら「わたし」と自分を名のることが要求されていると、日常生活のなかでの差別をも区別とうけ入れる素地が無意識のなかにもできてしまっているのではないかと思ったのである。

ことばは社会構造をそのまま反映するものである。日本では、自分の夫を「主人」と呼ぶ、あるいは妻を「家内」と無意識のうちに呼ぶ人は多い。しかし、夫への従属関係にめざめた時、それでも慣用だからと「主人」と夫をなんのこだわりもなく呼べるだろうか。日本語にとくに顕著な性別ことば遣いはやはり日本社会の各々の性にたいする役割期待の現われであると思う。

このようなことを考えながら、翻訳にあたっては、女が話すからといって自動的に、「女ことば」を当てないように心がけてみた。もしそのため読みにくい点があっても訳者の意図をくんでいただければ、と思う。

1971年6月、西ドイツ（当時）で最大の発行部数を誇る「シュテルン」という雑誌で、374人の女性が「わたしも中絶をしたことがある」と名前を連ねる記事を掲載した。その2ヶ月前のフランスで、作家・哲学者のシモーヌ・ド・ボーヴォワール、作家のフランソワーズ・サガン、俳優のカトリーヌ・ドヌーヴなど「343人のマニフェスト」が発表されていた。フランスも西ドイツも、中絶が禁止されていた。

この西ドイツでの374人宣言をきっかけに、「それまで深い沈黙のうちに葬り去られていた中絶の事実が、つぎつぎと当の女たちの口から明るみに出されていった」。寺崎さんは、そうした証言を集めた『刑法218条に反対する女たち』（アリス・シュヴァルツァー、1971、日本未邦訳）の一部を翻訳し紹介している（「なぜ女たちは語れなかったか」『シリーズ・いまを生きる2 女・うたう・かたる』ユック舎、1979）。アリス・シュヴァルツァーは、寺崎さんが翻訳した

＊女の運動：1980年代ごろは、フェミニズムとはあまり言わずに、またそれ以前の女性（婦人）解放運動とも言わず、「女の運動」という言葉が使われていた気がする。「リブ」は70年代（初頭）の運動をさす場合と、「自分たちは（フェミニストではなく）リブだ」と言う人たちもいた（あくまで個人の印象だが）。

『性の深層　小さな相違と大きな結果』の著者である。
「なぜ女たちは語れなかったか」で、寺崎さんはドイツと日本の状況とを重ね合わせながら解説し、こう書いている。

そして必ずしも女と男が愛しあうだけが、性愛の可能性ではないことに、それどころか異性愛が、女を男に従属させておく最後の切り札として機能していることに気づいたとき、女たちはもはや、何が何でも男と一緒にいなければならない必然性を何ももたなくなってしまったのである。（略）
やがて、それは自分一人の問題ではない、他の女《ひと》も同じ悩みをかかえている、ということがわかったとき、女たちはほかの女たちに「おいでよ　こちらに、一緒に力を合わせよう！」と呼びかけて、行動を起こしていったのである。

この7ページにわたる文章には、随所に「女たち、おいでよ　こちらに」という歌が紹介されている。ドイツの女の集会やデモで歌われ、古い民謡のメロディーにヴェレーナ・シュテファンが詞をつけた歌だという。ヴェレーナは75年西ドイツ初のリブ文学『脱皮』を発表したことも、寺崎さんは教えてくれている。このように、本を1冊翻訳する形だけでなく、ドイツの女の運動に関する出版物を要約し、日本の状況を織り交ぜながら読者に届ける仕事をしていた。
伊藤明子と共訳した『1945年・ベルリン解放の真実―戦争・強姦・子ども―』（ヘルケ・

ザンダー、バーバラ・ヨール編著、パンドラ、1996）は、原題を直訳すると『解放する者とされる者』となり、同名の映画も作成されている。第2次世界大戦末期とドイツ降伏からの1週間、解放軍（ロシア兵たち）がドイツ女性を強姦したというタブーを扱った大著だ。

この問題を初めて取り上げた著者のひとりイングリット・シュミット＝ハルツバッハは、1976年7月西ドイツで（おそらくヨーロッパでも）初の女性学夏期講座の主催メンバーで、寺崎さんはその講座に連日出席した（イングリットは1991年49歳で自死）。

伊藤野枝の本も、ドイツの友人とドイツ語で出版した（“*Ito Noe: Frauen in der Revolution: wilde Blume auf unfreiem Feld*”）。

アカデミズムの中で女性学やジェンダー論が市民権を得るようになると、日独シンポジウムでパネラーとして参加した記録が『母性から次世代育成力へ：産み育てる社会のために』（原ひろ子、舘かおる編、新曜社、1991）や、『変容する男性社会：労働、ジェンダーの日独比較』（原ひろ子、大沢真理編、新曜社、1993）に収録されている。

ローザ・ルクセンブルクに関するシンポジウムをまとめた本では、興味ふかい考察をしている。

女性解放へのかかわり方には二つのタイプがあるといえよう。第一はもちろん、徹底して女性であることにこだわり、男性の価値観を中心につくりあげられた社会を批判し、変えていくやり方である。第二のかかわり方は、直接、女性であることにこだわらずに（少なくとも意識的には）、男性社会の中に入りこんでそこで個人として可能性を探り、自分の地位を確立していくことによって、結果として女性の可能性を拡げていくやり方である。この二つの立場は往々にして相反するものであるかのようにみられがちである。しかし、徹底的に女性であることにこだわることも、その反対も、両方とも女性が生きやすい社会をつくり出していくには不可欠な戦略であろう（寺崎あきこ「女《わたし》の目で読みとくローザ・ルクセンブルク」『女たちのローザ・ルクセンブルク』田村雲供、生田あい編著、社会評論社、1994）。

ローザは後者だったと寺崎さんは分析しているが、寺崎さんご自身は、まさに前者の立場だろう。

どこかで数人でおしゃべりしていたとき、寺崎さんが、性行為なしで妊娠できるという面白い本があって翻訳したいのよ、だれか翻訳しないかしら、と話していた。え？　ホント？　マリアの処女懐胎みたいに？　と周囲は半信半疑ながらも、寺崎さんが熱く語る様子に聞き入っていた。その後、出版社に企画をもちこみ、ドイツにいる著者を訪れ交流し、本の形にする手助けをした（マリアンネ・ヴェックス『処女懐胎の秘密』伊藤明子訳、パンドラ、1999）。

もろさわようこさんを「歴史を拓くはじめの家」に訪ねた女たちの温泉旅行（リブ温泉合宿）も、ご一緒した。にぎやかで、かしましい女たちばかり。

2011年、東日本大震災での福島原発事故を機に、脱原発を求めるパレードや集会が開かれた。怒鳴るようなシュプレヒコールにも、「子を守る母」の強調にもなじめない人たちの小さな集まり「脱原発！フェミ集合」でも寺崎さんと一緒だった。その後も寺崎さんは、当然のように霞が関にある経済産業省前テントの活動などに積極的に関わっていった。

　そういえば、寺崎さんが子どものころ、お父さんは勤務先の組合で労働運動をしていて、何かの地下活動なのか、突然姿を消したというエピソードも聞いたことがある。「子どもの頃から両親の形がい化した結婚生活（私がものごころついてから、両親はほとんど別居していた）を目のあたりにしていたため、結婚に対する幻想をもつことなく大きくなった」、結婚はしたくなかったが「一人ぐらしはしたくなかった。できれば女たち数人と共同生活をしたいと思っていた」と20代後半の気持ちを記したあと、西ドイツの生活共同体の実践を紹介している（寺崎あきこ「個として類に生きる—西ドイツの生活共同体にみる」「女・エロス」14号、社会評論社、１９８０）。

　どこかでまた会える、おしゃべりできると思い込んでいた。しかしがんの再発で体調が悪化し、女友だちが交代でサポート体制をつくった。２０１８年10月1日友人たちと75歳の誕生日を祝い、10月28日、安らかに息をひきとったという。

　２０１９年2月10日、武蔵野市で開かれた偲ぶ会には、たくさんの人が集まった。「おいでよこちらに」という歌が聞こえるような気がした。

職場での寺崎さん。（写真提供：〈寺崎さんをサポートし、偲ぶ会を開いたメンバーたち〉）

大島かおりさん——女が女を訳す、名づけ直し遺していく

最初に大島さんにお会いしたのはいつだったか。「翻訳の世界」編集部に入ってすぐの1988年4月にお電話したことは確かだ。「素顔の翻訳家」という、写真つきインタビューページにご登場いただけないかという依頼の電話だった。即断即決の大島さんに、あっさり断わられたが、その後、自由が丘駅前の美しい喫茶店で「お目もじ」の機会をいただいた。いろいろとおしゃべりしているうちに、いま翻訳について勉強会をしている（始める）ので、「あなたもいらしたら?」と誘ってくれた。いただいたレジメが手元に残っている。

会場になった中目黒のマンションの一室は、靴をぬいで上がり座布団にすわる。横長につなげたテーブルを、たくさんの女性が囲んでいた。

それぞれ別個に仕事をしている翻訳者や編集者が、フェミニズムに関連する本に出てくる単語（概念）について考えるという場だった。

私が行ったときは、patriarchy（パトリアーキー）を日本語でどう訳すべきかが話し合われていた。「家父長制」だと日本のイエ制度にまみれたイメージが強すぎて外国の原作のニュアンスが伝わらないのではないか（日本家屋の障子や畳や囲炉裏のイメージがまとわりつく）、「父権制」と訳すと「母権制」との対比語になるが、では母権制社会は歴史的に存在したのか、という会話が飛

び交っていた。
「翻訳の世界」1990年9月号（バベル・プレス）の特集「女のことばが棲むところ」で、大島さんに執筆をお願いし、今度は快諾してくれた。少し長いが、全文を掲載しよう。

「女が女を訳すとき　女の言語の可能性をひろげるために」

「女が女を訳す」などと女の翻訳者が言っても、あまり奇異にひびかなくなったのはごく最近のことだ。男が男を訳すと言うのは、あまりにも当たりまえのことだからかえっておかしい。男が女を訳すのもそうだ。女が男を訳すと、かつては女にしてはよくやったと言われたものだが、いまではさすがにそう露骨に言う人はいない。女が女を訳すのは昔から珍しくはなかったが、それは女の学者が女性作家を研究することが多かったのと同じで、女の著者は二流だから女がやればいいというにすぎなかった。

でもいま「女が女を訳す」と言うとき、僻みっぽく、どうせ女だから女をやってますという意味は全然ない。男の言説の囚人だった女が、いまや枷を打ちこわして自分たちの言語を取り戻そうとしているのだから、私だってハンマーをふるうのに加わりたいと、元気よく言っているわけである。でも実際は残念ながらそう勇ましくばかりは進めない。そこで当面は、いままで女を訳していたときに私はどうしていたか、まずは自己点検といきたい。

無意識という自己規制

小さな例から始めよう。シャーロット・ブロンテの『ジェイン・エア』に、若い主人公が息ぐるしい慈善学校からの脱出を願う場面がある。「自由を」と祈るが、その言葉は風に消える。つぎはもっとつつましく、「変化を、刺激を」と願う。だがそれも虚空に吹きちらされてしまう。"Then," I cried, half desperate, "grant me at least a new servitude!"

私の訳している本にたまたま引用されていたのでこの箇所を訳しただけなのだが、servitude に苦役という訳語を当てたとき、ちょっとためらいがあった。奉仕のほうがよくはないか？　この小説の二つの日本語訳を調べてみると、事実、両方とも奉仕となっていた（一人は女性の訳者）。私も奉仕を想い浮かべたのは、ジェインが女だからだ。ヴィクトリア時代の女にとっても、私にとっても、奉仕というのはなじみの深い言葉である。どんな屈辱的な隷従や拘束でも、奉仕として語られてきた。ブロンテは service ではなく servitude を使って、ジェインの苦い現実認識を示しているのに、訳者はわざわざもっと穏かな語に変えてしまう。そういう姿勢はこの一語にかぎらず、全体の調子に影響する。日本語訳で読むと、ジェインの印象はたしかに原作よりも温和で、憤りや反逆は抑えられている。

同じ言葉であっても、男が言っているときと女が言っているときでは、訳し分けることがある。いわゆる女ことばに縛られているつもりはなくとも、身にしみついた「女らしさ」の約束ごとに無意識に引きずられて、自分の言葉の選び方を自分で規制している。この規制は、女が書いたものを訳すときには明らかにいっそう強く働く。たいていの場合、それは抑制を加え、曖昧にするというかたちをとる。耳ざわりな言葉や刺激のつよい言葉を避けて、やんわりとぼかすのだ。たとえばpowerという語。一九六〇年代に学生がバリケードを築いて、われらの手にpowerをと叫んだときは、だれもがためらわずに権力と訳した。けれどつぎに女の運動が同じことを言いだすと、権力ではきつすぎる、力のほうがやわらかにひびく、ということになる。むろんpowerはつねに権力だけを意味するわけではないが、女にはそぐわないという理由で曖昧にしようとするのは、やはり自己規制だ。

単語のレヴェルだけにかぎらない。主語を消して行為の主体《エイジェント》を不在にしておくとか、他動詞よりも自動詞を使って、能動性を和らげるとか、いろいろの方法がある。このようなたぐいの曖昧化は、べつに女の専売特許ではなくて、日本語表現のもともともっている傾向ではある。翻訳では、なめらかな、こなれた日本語が当然ながらとても重視されるので、訳者は外国語の表現を日本語の語法で手なずけようとする。日本語になじませようとすることが、日本の文化的背景になるべく異和感なく適合させるべく操作することだとすると、こなれた日本語にするための努力は、べつの危険への落とし穴になりかねない。

女の書いたものを訳すとき、この文化的背景がくせものだと感じることがよくある。とりわけ作者が女性的な感覚と表現に重きをおいている人だと、日本語訳ではその女らしさがいっそう増幅されがちなのだ。こなれた日本語訳とはすなわち、日本の文化的背景のもつ女らしさの観念に適合させた訳文だ、という等式がそうさせるのだろう。

武器としての女らしい表現

しかしありがたいことに、日本でも、女らしさのイメージも中味もどんどん変わってきた。従来の女らしさとはちがう女の表現法がたくさん現われてきた。こういう現在からもう一度見なおしてみると、過去の女たちの一見、伝統的な女らしさと思える語法も、べつの相をもっていることに気づく。

たとえば、あれほど優雅で抑制がきいていて女らしいと見られてきたヴァージニア・ウルフは、まさに女らしい表現を武器にして男のロゴスに逆襲するしたたかな文章を書いた。むきだしの怒りや憎悪をきらう彼女は、「苦々しい気持をまじえずに一笑に付す術」を編み出して、みごとなアイロニーを利かせる。もしも彼女の女らしさの戦法を見誤って、ひたすら女らしく訳せば、表面からは隠されている強烈なパンチが死んでしまう。いまだけでなくずっと昔から、女は書き方のじつに多くの可能性を開拓してきたのだ。女が女を訳すというのは、そういう多様な苦心の成果を日本の私たちのいまにつなげて、女の言語の可能性をさらに押しひろげるのに役立てるということだと、私は思う。

そこで、これまでの自己規制という足枷をこわす努力だけでなく、翻訳という作業をつうじて日本語にかかわる者としてもっとポジティヴな面でも、私たちにできること、しなければならないことがありはしないか、具体的に考えてみたい。

名づけられたものを名づけ直す

どこの国でも、女がみずからを表現しようとするときにぶつかる最初の障害は、自分の使う国語自体に組み込まれている女性蔑視だった。ものごとそれ自体が歪んだ名づけ方をされている。そこで女たちは、誤って名づけられたものを名づけ直す作業をすすめてきた。日本語でもそうだ。たとえば売春を買春もしくは売買春に。近親相姦を近親姦もしくは近親強姦に。それに、いままで明確に意識化されていなかったために名前のないものもある。セクシャル・ハラスメントはその好例だが、女による命名は欧米のほうがずっと進んでいるので、日本語でどうするかにかかわる翻訳者の責任は大きい。たとえば女や子供に対する不当で残酷な猥褻行為を指す sexual abuse を、いたずらなどといういかにも罪のなさそうな日本語に訳すのは、まさに罪が重い。こういう名づけの作業を考えているとき、いちばん腹立たしいのは、漢字そのものが女を負の記号として表意体系に組み込んでいることである。姦に始まって、奸、妄、妨、妬、嫉、嫌……うんざりするほどある。こういう漢字を使わないですませる別の方法はいまのところない。これらから女を取り除いた別の漢字をつくるしかないだろうが、そこまでできるかどうかは、社会全体の意識の変化にかかっている。

しかし、おとしめられたものを、名をそのままに復権させるという道もある。げんにいまでは、女という語自体は肯定的なひびきをもちはじめている。女たち自身の意識の変化がそうさせたのだ。十年まえの新聞といまのとを比べてみると、その変化がほかの言葉にもどんなにひろがってきたか、実感できる。アメリカの女たちが、spinster, crone, witch などを復権させたように、私たちも差別のしみついた語をただ避けるだけでない積極的な方法をとれると思う。

共同で考え知恵を出しあうこと

翻訳では、新しい語や概念、従来の語に新しい意味を盛った用法などをどう扱うかで、みんな苦労している。カタカナの氾濫をこれ以上ひどくしないためにも、私たちは個々の翻訳者として工夫するだけでなく、みんなで知恵をあつめる必要があるのを痛感する。ここ数ヵ月、私たち何人かの女の翻訳者が集まって、この問題をいっしょに考えてみた。たとえばpatriarchyの訳語をどうするか。

現在これの訳語としては、「家父長制」と「父権制」の二種類が流通している。従来、学問の世界では、「家父長制」は社会学の言う家族の一制度、とくにウェーバーの規定する支配の類型としてのそれを指し、「父権制」のほうは、人類学で母権制と対立概念をなして使われてきたようだ。しかしフェミニズムは、この用語を新しい意味で使っている。たんに一つの家族制度を指すのでなく、有史以来の男による女の抑圧の構造とイデオロギーの総体を、この語で名づけているのである。だから前近代的家族が消滅して核家族になっても、性支配はむしろ強化されてつづいている現在の社会を、patriarchal社会と呼ぶ。

ところが「家父長制」という日本語は、私たちにすぐ日本的な「家」制度を想起させる。この語の喚起するイメージは、向田邦子の描いたような古めかしい家長だと、ある若い人は言った。儒教的な匂いを強く感じるという人もいる。だからいまの日本はもう「家父長制」的社会ではないという反応を喚びおこしがちだ。私たちの議論では、「父権制」のほうがpatriarchy＝父（男）の支配という意味がもっと鮮明に出ていて、「家」制度にだけ目を向けさせないですむから、訳語としていいという意見がつよかった。学者からは、母権制の存在が立証されていない以上、父権制は分析概念として不適当だという反論もあるだろう。けれども私たちは、この場合、女への蔑視と差別を構造化している社会に抗議してきた女たちの経験と実感のほうをこそ、重視して訳語を選ぶべきだと思う。

このほかにも、外国語でどんどん出てくる新しい用語や概念に、私たちは対応しきれないでいる。とくに性に関する領域で、それが著しい。sex, sexuality, genderといった基本的用語も、reproductive right/ freedom, fertility/ infertilityなどの生殖に関する語も、日本語訳が追いつかずに、混乱を生んでいる。でも共同の議論の場がもっとあちこちにできて、みんなで考える機会がふえれば、ずっとましな展望が開けるだろうことはたしかだ。

『翻訳の世界』にいま連載されている「いまボーヴォワールを読み直す」の共同新訳の試みは、その意味でとても刺激的だし、たくさんの可能性を示唆してくれる。私たちは共同の作業をすることに慣れていない。おおかたは個人の城にたてこもっていて、ほかの人といっしょに仕事をするとしても、下訳させるとか機械的に分担をきめるとかいうかたちになりがちだ。でもほんとうの意味で共同で考え、知恵を出しあって作業する試みが、ほんの少しでも私たちの仕事に入ってくれれば、個人でする仕事にもいい影響を与えてくれるだろう。私たちのいま抱えているたくさんの言葉の問題ひとつにしても、個人ではとても解決できないのだから。そしておたがいに批判し批判されることを怖れないようになれば、翻訳の質もたかまるだろう。

私にとって、「女が女を訳す」ことは、とても内容ゆたかな実りを私自身にもたらしてくれる刺激的でたのしい仕事になってきた。そして同じように感じているほかの人たちといっしょに話し合える場ができつつあることが、なによりもうれしい。

（おおしま　かおり・翻訳家）

かおりさんは、1931年11月3日大田区雪ヶ谷生まれ、岡田カホリという名前だった。父は官吏、母は専業主婦で、姉、兄、妹の6人家族。姉は九州に嫁ぎ、兄は地方の旧制高校で学び、戦争が激しくなると1年下の妹は東北に学童疎開となり、かおり（カホリ）さんは両親と3人になった。焼夷弾の雨の中を走ったが、ある種の高揚感もあり、屋根に登り遠くの空襲が燃えさかる光景を「花火みたい」と言って親に怒られた。戦前は大森区と蒲田区に分かれていたので、同じ大田区でも、中村妙子さんの蒲田とはかなり違っていたようだ。

小学生のころは、かけっこや鉄棒が苦手、当時は軍国主義の時代で肩身が狭く、ボーっとしていて、人前ではあまり話さない子だった。

13歳で敗戦を迎え、価値観や権威がくずれ落ちていく音が聞こえるようだった。例えば、戦前は、父親が仕事に出かけるときと帰るとき、家族全員が玄関にひざまずいて挨拶。父親の晩酌が終わるまで家族は食べるのを待っていた。ところが戦後は給与停止や貯金凍結もあり、威張っていた父は何もできない。母が着物を売り、内職をして（子どもたちも袋貼りもした）なんとか食べさせてくれた。

ある日、父が母を怒鳴って手をあげそうになったとき、父の前にかおりさんが立ちはだかった。すると真っ赤になった父が、結局ふりあげた拳をおろした。それからは、三つ指ついて父に仕えていた母が、少しずつ父に抵抗するようになった。そして母は自身の女学校時代の話――平塚らいてうを読んだり百蓮《びやくれん》事件の新聞記事を友だちと読み回したりしたことを、かおりさんに話すようになった。

新制女学校でも、教師たちの権威は失落した。生徒たちが朝礼での服装検査をボイコットしたとき、かおりさんは旗振り役をした。学園祭でも生徒が自主的に演劇の稽古をして『ファウスト』を上演、楽しかった。こうした解放感とともに英語を学ぶ。

教科書にO・ヘンリーの「賢者の贈り物」がのっていて、はじめて横文字で物語が読めたと有頂天になったり、リンカーンの「ゲティスバーグの演説」を音読して、その格調の高さに感動したり。（略）日本史も、歴代天皇と神話の丸暗記の強制ではなくて、縄文時代から説きおこされる歴史の授業は、天地がひっくりかえるほどの衝撃でした（大島かおり／聞き手・記録　那波かおり「翻訳と向き合う」「思想の科学」1995年3月号、思想の科学社）。

学校をサボって外国映画を見に行き、翻訳小説も手当たりしだい読んだ。

しかし英語は、占領軍の言語でもあった。「ララ物資」でアメリカから学校に送られてきた古着を、生徒が奪い合うように漁った経験が「棘みたいに気持ちに引っかかった。一種の屈辱感でしょうね、敗戦・占領への」と振り返る。

1950年東京女子大学文学部に進学。英語が堪能な学生たちにコンプレックスを抱く。英会話を教える宣教師たちの中には勝者アメリカの匂いをぷんぷんさせる人もいて、そこでは英語は、親米派・体制派の言語だった。また、当時の学生運動は、講和条約、安保条約、朝鮮戦争、基地問題など反米一色。女性解放運動も盛んだった。

私たちは多かれ少なかれ、女に教育はいらないと言う親の反対を押し切って進学したわけですから、女もこれからは職業をもって経済的に独立しなきゃという意識が非常に強かったんです。いま考えると不思議な気がするけれど、この戦後フェミニズム運動でも、七〇年代以降とはまったくちがって、英語ないしアメリカはなんの役割も果たしていなかった。いわゆる左翼の言語が幅をきかせていて、反米的だったんです。学生運動も女性運動も、ともに奇妙に反・英語的な世界。

アメリカ・イギリス文学を読み、そこで語られていることを新鮮に感じている自分と政治的状況との対立感、そこから生まれる屈折……私自身のなかで英語に対する感情というのは、非常に引き裂かれているところがありましたね（同前より）。

大学卒業後は、大田区の公立中学校の英語教師になる。「そりゃもう1年生の初めての英語の授業なぞでは、みんな期待に満ちた視線をぴーっとこちらに集中させ」る真剣さに応えようとする中で、英語へのアンビヴァレントな感情が少しずつ癒されていった。そして、夫が定職につくまで経済的に支えながら、産休をとって二人の子を出産する。

10年間の教員生活のあと、夫の留学を機会にドイツへ行くことにした。無給でも中学校を休職扱いにできないか役所にかけあったが、叶わなかった。

ドイツでは、子どもたちをキンダーガーテン（幼稚園）に預け、学校に通いドイツ語を勉強しながら、積極的に人と知り合い話すようにした。公園で日本語の絵本を読み聞かせていると、ドイツの子どもや親たちと交流が始まる。2年後に帰国し、3番目の子どもを出産。専業主婦になったが、2年も我慢できなかった。

そして、翻訳を仕事にしようと考える。東京女子大の同級生に紹介してもらい、ドイツ語とフランス語の翻訳家・大久保和郎《かずお》さんの指導を受けることができた。かおりさんが訳したものを大久保さんが読み、「もう一度」と言われ、何回も訳し直しをした。やがて、大久保さんが訳していた本のドイツ語序文を渡された。本が出ると、あとがきにかおりさんの名前が書かれていた。

そして、ハンナ・アーレントの『全体主義の起原』全3巻の翻訳のうち2冊の共訳をする。『2 帝国主義』は大学教員になった夫・大島通義との共訳（1972）、『3 全体主義』は大久保和郎氏との共訳（みすず書房、1974）。次第にハンナ・アーレントなど哲学者の著作やナチス関連の翻訳が、かおりさんの一つのジャンルになる。

猛烈な売り込み作戦もした。英語はたくさん翻訳者がいるからドイツ語にしぼり、ドイツで入手したカタログを見て、面白そうな本があれば注文した。シノプシス*をつくり出版社に持ち込む。紹介された編集者だけでなく、知らない出版社にも足を運んだ。郵送しても積んでおかれるだけだと思い、編集者の名前を知らなくても直接届けに行った。門前払いの出版社もあれば、会ってくれる出版社もあったという。

かおりさんの翻訳のもう一つの柱は、児童書だ。『マリアンネ』（ゲルトルート・ホイザーマン、1970）『いなずま坊や　モーツァルト』（R＝ヒンデルクス＝クッチャー、1972）は、学習研究社から。そして、ドイツでいろいろな人から「この本、すごくいい」と勧められた本のシノプシスは、岩波書店に持ち込んだ。それまで岩波で仕事をしたことはなかったが、編集者は、かおりさんに翻訳を依頼してくれた。それが、ミヒャエル・エンデの『モモ』。ロングセラーとなった。

こうして、2005年には、『アーレント＝ヤスパース往復書簡　1926―1969』（全3巻、みすず書房、2004）で日本翻訳文化賞（第42回）を受賞した。

＊シノプシス＝その本の概略、著者情報、書評などの評判などをまとめたもの。本文の一部試訳をつけることもある。

かおりさんは、翻訳者とは別の顔も持っていた。2002年、「女の空間NPO」の初代理事長に就任。そのときのリーフレットの挨拶文にはこうある。

女が女に空間をプレゼントする

大島かおり

そろそろ身辺整理を考えなくてはならない歳に私もなりました。たまたま持っているちっぽけな不動産を、女たちのために提供したらどうだろうか？（略）

そこで夢想しました。女たちへ何かプレゼントを遺したいと思っている人はほかにもきっといる。提供する者と活用する者とをつなぐパイプが必要なのだ。プレゼントは一つ一つは小さくても、それを集めて運用する機関があれば、女の活動のために活かせるだろう。お金の提供も要る。だから不動産と動産の両方の寄付の受け皿になる法人組織の基金を設立すればいい。

こんな夢想を、あきらめずに話しているうちにさまざまな人々のご尽力で、現実に近づいていったのです。でも二つ三つの提供物だけでは、運営コストをまかなうだけで精一杯になりそうです。

私の、文字通りの貧者の一灯が呼び水となって、女の活動空間を確保し広げてゆくため、多くの方々の志が寄せられる場になることを願っています。

「女の空間NPO」は、翻訳についての勉強会をしていた中目黒のマンションを事務所にした。遺言書についてのワークショップを開いたり、ユニークなゲストを毎月呼んでの「おしゃべり会」を開催したり。かおりさんも定例の「おしゃべり会」で、子ども時代のことや戦争体験、敗戦後の出来事について、経験を伝えようとしていた。

私も時々、女の空間NPOでのイベントに参加して、かおりさんはじめ参加者と話が盛り上がり、帰りの東横線でも続きのおしゃべりをしていた。

2006年、光文社古典新訳文庫の立ち上げスタッフの一員になった私は、版権についての調査、新訳を依頼したい翻訳者への連絡・コーディネート、企画準備などに関わっていた。かおりさんにもお願いした。どんな作品を新訳したいか希望をお聞きしながら、最初はスケジュールや著作権等の事情から、ご自身が翻訳し1976年に旺文社から刊行されたホフマンの「黄金の壺」「ドン・ジュアン」に、新たに訳す「マドモワゼル・ド・スキュデリ」「クライスレリアーナ」で短篇集を編むことにした。

「いささか黴《かび》の生えた感じの自分の訳をいまふうに化粧直ししてみるというのは、まったく新しい経験であるだけに、きっとおもしろいだろうと迂闊にも考えたのです。ところが（略）いざ始めてみると、そう簡単には問屋が卸さないことがわかってきました」と「訳者あとがき」に書いている。

何が古くて何が新しいのか？　投げ出しそうになりながらも開き直り、結果的には『頭がくらくらする』ほど美しくて、おかしくて、グロテスクな」新訳ができあがった。

かおりさんが「現代につうじるような魅力の持ち主ですから、訳していて楽しくないわけがありません」と書いているルイ王朝期の女性作家スキュデリの雰囲気が、かおりさんに似ていて、ゲラを読みながら、なんとも不思議な感覚を味わった。こうして２００９年刊行『黄金の壺／マドモワゼル・ド・スキュデリ』のあとも、（私は担当ではなくなったが）光文社古典新訳文庫でホフマン『砂男／クレスペル顧問官』（２０１４）、『くるみ割り人形とねずみの王さま／ブランビラ王女』（２０１５）を訳してくださった。

ある日ご自宅に伺ったときのこと。近くの高齢者施設で絵本の読み聞かせボランティアをしているの、けっこうおもしろいのよ、と教えてくれた。お子さんが小さいころ、ドイツの公園で絵本を読んでいた姿と、今のボランティアの姿とを想像しながら、人に本を読みきかせる楽しさは、翻訳とつながっているのかもしれない、と感じた。

２０１４年12月23日の「望年会」感想を、かおりさんは「女の空間ＮＰＯ会報」48号に寄稿している。

この一年、政治的にも社会的にも腹立たしいことがたんとあって、鬱憤晴らしの年忘れの会をしたいのも山々でしたけれど、世の中の片隅でささやかながら女のための空間を創りだしたいという私たちの望みを来年につなぐ会にしようと、12月23日の午後、新しい参加者も交えて13人が集って、飲み食いプラスおしゃべりを目いっぱい楽しみました。（略）

おしゃべりも多岐にわたりましたが、一番話題が集中したのが、（略）女たちの住むところ、集まれるところを、どう確保したらいいか、でした。そう、女の貧困は女のための自由なスペースの貧困でもある、と。これは来年への大きな宿題です。

この原稿が会報編集者にメールで届いたのが12月25日。その数日後の31日、かおりさんは倒れてしまった。

光文社古典新訳文庫のかおりさんの3冊目の訳書の末尾には「『訳者あとがき』に代えて」と題した、大島通義さんの文章が、次のように始まっている。

この書物の訳者＝大島かおりは、昨年の大晦日の夕刻、外出から帰宅した際、石畳のうえで転倒し、その際の頭部打撲がもとで意識を失った。救急病院での手術と治療にもかかわらず、今もなお意識を取り戻せないでいる。本書の初校のほぼ四分の三に赤字を入れ終わったところでのことである（『くるみ割り人形とねずみの王さま／ブランビラ王女』）。

そして、40余年の翻訳を業とするかおりさんの生活を「傍らでこれを見続けてきた者として」、彼女の仕事ぶりを紹介している。この文章の日付は２０１５年3月17日。

昏睡状態はその後も続いた。3年以上も眠り続けていたかおりさんは、２０１８年5月8日に息をひきとられた。享年86。

2018年11月11日、文京区区民センターでお別れ会が開かれた。「大島かおりさんを偲ぶ会」実行委員会発行の「かおりさんが遺したもの」の最初のページには、こうある。

かおりさんは女たちをつなげてきました。わたしたちの知る限りでも、大学時代の仲間たち、翻訳家たち、編集者たちそれぞれに声をかけて集い、若い女たちとアドリエンヌ・リッチの勉強会をしたり、『不妊』の翻訳グループを作ったりしてきました。そして、自分の財産を女たちのグループに使ってほしいと「女の空間NPO」を設立しました。（略）これからはわたしたちが、かおりさんの精神を明日につなげ、遺していかなければならないと心に刻み、歩んでいきたいと思います。

あれから6年。コロナ感染によって誰も来られない日々もあったけれど、今また「女の空間」では、おしゃべりをしたり、作業をしたり、いろいろな人が集まっている。

2007年ごろの大島さん。（写真提供：大島通義）

おわりに

振り返れば、翻訳をするたくさんの人たちに、取材やインタビューでお話を聞いてきた。お金を稼げるようになるまでの道すじ、会社勤めとの違い、翻訳で心がけている・工夫していることや調べ物の苦労など。在宅で仕事する人が多いため家族のことも話題になり、気分転換や健康のためにしていること、出版社や編集者とのつきあいなど、発展し脱線する話も楽しい。

ほとんどというか、ほぼすべての人が、本が好き、とおっしゃる。出版翻訳だけでなく、ビジネス翻訳や映像翻訳に携わっている人も、それは同じだ。

やがて、年長者のお話にひょっこり出てくる戦争のこと、戦前戦後の学校や仕事のエピソードに、私は引き寄せられていった。個人的な体験と歴史的な事柄とは、こういうふうにつながっているんだ、と思った。自分の知らない時代を生きた人の感情、見た風景は、親や知り合いの人生とも重なる。そして「〝不実な美女〟たち――女性翻訳家の人生をたずねて」「字幕マジックの女たち　映像×多言語×翻訳」というウェブ連載が始まった。

中村桂子さん、鳥飼玖美子さん、看護師の古謝トヨ子さん、孤児を育てた益富鶯子さんなどの伝記を書く機会にも恵まれ、聞き書きにハマっていった。「年上の人の話を聞くのが好きなのに、私にはインタビューしないの？」と母に言われた。

本書ができるまでに、第一部でとりあげた中村妙子さん、深町眞理子さん、小尾芙佐さん、松岡享子さんはもとより、ご家族、関係者、出版社など、たくさんの方々にお世話になった。「〝不実な美女〟たち」を企画してくれた光文社の中町俊伸編集長、ウェブ担当の真野直美さんに支えられての連載で、本書には掲載しなかったが、コラムや「裏の回」で、ゆかりの場所を撮影したり本屋さんを取材したり、貴重な時間だった。深く感謝いたします。

また、最初の就職先「日本読書新聞」の高島直之さん、榊原満さん、藤原清貴さん、能本勲さん（故人）、阿部晴政さん、大日方公男さん。月刊「翻訳の世界」編集部の丸山哲郎さん、今野哲男さん（故人）、木内かおりさん、坂本久恵さん、彌永由美さんはじめ、西村葉子さんなどバベルのみなさん。光文社古典新訳文庫創刊スタッフに加わってからは、駒井稔さん、堀内健史さん。フリーランスとして関わった「通訳翻訳ジャーナル」（イカロス出版）や「翻訳事典」（アルク）のみなさん。各媒体で取材させていただいた翻訳家のみなさん。そして「企画・編集・ライター集団クロスロード」の仲間たち。本当にお世話になり、ありがとうございます。

この本を編集してくれたエトセトラブックスの松尾亜紀子さんとは、彼女の前の勤め先で知り合った。医科大学入試での性差別に怒り、フラワーデモの真ん中にいた松尾さんと打ち合わせを重ねながら、第二部の輪郭ができた。加地永都子さん、寺崎あきこさん、大島かおりさんはすでに鬼籍に入られ、改めてのインタビューは叶わず、私が接したごく一面しか紹介できないことを、ご本人にも関係者の方にもお許しいただきたい。若林苗子さん、長沖暁子さんにもお世話になった。関連資料を読み、共通の知人と話をすると、記憶の奥から思いがけないものが飛び出して、ビックリしたり微笑んだり。周囲の人たちのおかげで生きてこられたのだと、気づかされながらの本づくりとなった。

ほかにも、さまざまな形でご協力、応援してくださったみなさま、本書を共に作成してくれた方々に、心から感謝をお伝えします。

私は翻訳はできないけれど、翻訳という営みの奥深さを、多くの人たち、とくに女たちから教えてもらった。暮らしていくこと、働くことのしんどさが共振するからだろうか。違う言葉・異なる文化を、人に伝える難しさと面白さ。その可能性は、狭い意味での翻訳に限らない。知らないこと、理解しづらいものを否定しがちな空気が広がるいま、翻訳をしてきた先輩たちのことを、忘れないでいたい。

2024年9月

大橋由香子

初出

第一部
＊光文社古典新訳文庫ウェブサイト「“不実な美女”たち」より
Vol.1 中村妙子さん　（2014年11月20日から2015年5月21日）
Vol.2 深町眞理子さん　（同上　2015年10月1日から2016年2月5日）　語りによる大幅修正
Vol.3 小尾芙佐さん　（同上　2014年3月20日から2014年8月7日）　加筆あり
Vol.4 松岡享子さん　（同上　2017年6月10日から2018年1月11日）

本文で引用した本・雑誌以外の主な参考文献

秋山勇造『明治翻訳異聞』新読書社、2000

石井桃子『子どもの図書館』岩波新書、1981

岡本嗣郎『陛下をお救いなさいまし　河井道とボナー・フェラーズ』ホーム社、2002

片山廣子『火の後に―片山廣子翻訳集成』幻戯書房、2017（井村君江「解説『片山廣子』と『松村みね子』」）

川本皓嗣・井上健 編『翻訳の方法』東京大学出版会、1997

栗田明子『海の向こうに本を届ける　著作権輸出への道』晶文社、2011

鴻巣友季子『明治大正　翻訳ワンダーランド』新潮社、2005

小谷野敦『翻訳家列伝101』新書館、2009

佐藤＝ロスベアグ・ナナ『学問としての翻訳『季刊翻訳』『翻訳の世界』とその時代』みすず書房、2020

沢部仁美『百合子、ダスヴィダーニヤ　湯浅芳子の青春』文藝春秋、1990

辻由美『世界の翻訳家たち 異文化接触の最前線を語る』新評論、1995

常盤新平『翻訳出版編集後記』幻戯書房、2016

鳥飼玖美子『戦後史の中の英語と私』みすず書房、2013

原卓也・西永良成編『翻訳百年　外国文学と日本の近代』大修館書店、2000

別宮貞徳『誤訳、悪訳、欠陥翻訳　ベック剣士の激辛批評』バベル・プレス、1993

松本恵子『松本恵子探偵小説選』論創社、2004

協力：中井章子
みすず書房
東京創元社
小関祐加
早川書房
（公財）東京子ども図書館
松岡恵実
大島通義
特定非営利活動法人　女の空間ＮＰＯ
バベルプレス
光文社

大橋由香子　**おおはし・ゆかこ**

1959年東京生まれ。フリーライター・編集者、非常勤講師。著書に『満心愛の人　益富鶯子と古謝トヨ子』（インパクト出版会）、『ニンプ→サンプ→ハハハの日々』（社会評論社）、『生命科学者中村桂子』『同時通訳者鳥飼玖美子』（どちらも理論社）、『からだの気持ちをきいてみよう』（ユック舎）、『記憶のキャッチボール』（共著、インパクト出版会）、共編著に『福島原発事故と女たち』（梨の木舎）、『異文化から学ぶ文章表現塾』（新水社）ほか。光文社古典新訳文庫サイトで「字幕マジックの女たち　映像×多言語×翻訳」連載中。

翻訳《ほんやく》する女《おんな》たち
中村妙子《なかむらたえこ》・深町眞理子《ふかまちまりこ》・小尾芙佐《おびふさ》・松岡享子《まつおかきょうこ》

2024年11月18日　初版発行

著　者　大橋由香子
発行者　松尾亜紀子
発行所　株式会社エトセトラブックス
155-0033
東京都世田谷区代田4-10-18-1F
TEL：03-6300-0884
https://etcbooks.co.jp/

装幀・装画　福岡南央子（woolen）
DTP　株式会社キャップス
校正　株式会社円水社
印刷・製本　モリモト印刷株式会社

Printed in Japan　ISBN 978-4-909910-25-7